DOCUMENTS·HISTORIQUES

SUR

L'ANGOUMOIS

Publiés sous les auspices et par les soins

DE LA

SOCIÉTÉ ARCHÉOLOGIQUE ET HISTORIQUE

DE LA CHARENTE

TOME PREMIER

A PARIS

CHEZ AUGUSTE AUBRY

L'UN DES LIBRAIRES DE LA SOCIÉTÉ DES BIBLIOPHILES FRANÇOIS

RUE DAUPHINE, N° 16

M DCCC LXIII

8°

16790

(1ᵉ et 2ᵉ f.)

DOCUMENTS HISTORIQUES

SUR

L'ANGOUMOIS

Charente. 2

B (5)

Tiré à 200 exemplaires.

Paris, imprimé chez Jouaust et fils, rue Saint-Honoré, 338.

La Société archéologique et historique de la Charente, dans sa séance du 25 avril 1862, a décidé la publication, aux frais de la Compagnie et en dehors de son Bulletin, d'un Recueil qui, sous le titre de Documents historiques sur l'Angoumois, doit renfermer les chroniques, les cartulaires, les inventaires, les mémoires historiques, les chartes, etc., relatifs à l'Angoumois, demeurés inédits ou devenus rares.

Le présent volume est le premier de cette publication.

La Société vote l'impression des diverses pièces

des Documents historiques sur l'Angoumois, *mais elle n'accepte pas la solidarité des systèmes exposés et des opinions émises dans les introductions, avertissements, notes et éclaircissements des pièces publiées; les membres éditeurs en ont seuls la responsabilité.*

CHRONIQUE LATINE

DE L'ABBAYE

DE

LA COURONNE

(Diocèse d'Angoulême)

ACCOMPAGNÉE DE NOMBREUX ÉCLAIRCISSEMENTS

Publiée pour la première fois d'après un Manuscrit du XIIIe siècle

PAR

J.-F. EUSÈBE CASTAIGNE

Bibliothécaire de la ville d'Angoulême

AVERTISSEMENT.

Le Manuscrit que nous livrons à l'impression provient du Trésor de l'abbaye de La Couronne et fait aujourd'hui partie des Archives départementales de la Charente. C'est un volume de format petit in-octavo, composé de quarante feuillets de parchemin et recouvert d'une peau épaisse, doublée de toile. Une grande partie de la couverture antérieure ayant été détruite et rongée par les rats, la première page a beaucoup souffert du frottement et de l'humidité, et quelques lettres ont disparu. L'écriture gothique du volume, dont les initiales et les titres de chapitres sont en rouge, est de huit époques différentes : la portion la plus ancienne et la plus considérable, celle qui comprend les trente-huit premiers chapitres, est l'œuvre d'un religieux inconnu qui écrivait entre le 27 novembre 1201 et le 20 octobre 1223; la main varie ensuite à chaque chapitre environ, et les lignes gothiques s'arrêtent au commencement du quarante-cinquième, quelque temps après le 2 septembre 1275. Les trois dernières pages sont de différentes écritures, et le commencement n'en remonte pas au delà du seizième siècle. Signalons aussi une lacune que l'on déplore, non dans le texte, mais dans la vieille écriture du Manuscrit, dont le mauvais état a dû nécessiter, il y a près de deux cent cinquante ans, de recopier en caractères ordinaires le onzième feuillet et les trois suivants. Nous indiquons avec soin dans nos notes le changement des écritures gothiques, et nous donnons en tête de notre publication le fac-simile des deux plus anciennes.

Il existe à notre connaissance plusieurs copies du Manuscrit de La Couronne. Quatre ou cinq de ces transcriptions plus ou moins incomplètes ou modifiées, bien qu'elles soient annoncées *fere ad verbum*, sont dues au frère Antoine Boutroys, né en 1566 dans le diocèse de Beauvais, et entré à l'abbaye de La Couronne en 1591. Elles furent faites en 1609 et 1610 pour être envoyées à Jean Picard, chanoine régulier de l'abbaye de Saint-Victor de

Paris, auteur de différents ouvrages mentionnés dans la Bibliothèque historique de la France (1). Une autre copie fut écrite en 1784 par Louis-Simon Saugeuil-La-Vallade, notaire au bourg de Champniers, sur la demande de M. Jean-Noël Arnauld de Chesne, Seigneur de Bouex; une autre, à peu près contemporaine de la précédente, est d'un anonyme;

---

(1) Ces copies latines servirent de base à l'ouvrage que Boutroys rédigea en langue française, à trois fois différentes. Voici le titre de la dernière rédaction :

« L'Histoire de l'Eglise Notre-Dame de La Couronne en Angoulmois, qui commence à l'antiquité de son ordre et suit l'exposition de l'Histoire latine de l'Eglise collégiale Sainct-Jean-des-Palus et des quinze premiers abbés de La Couronne, puis la Continuation de l'Histoire iusques à l'an mil six cens quarante;

« Et à la fin est vne copie des Inventaires des Reliques des Saincts et des ornements de l'Eglise, que les Prétendus emportèrent ès années mil cinq cens soixante deux et soixante huict, puis vn chapitre des Reliques de sainct Lambert, et vn autre du seruice qu'on faisoit en ceste abbaye le iour de son décès.

« Par frère Anthoine Boutroys, Beauuoisin, prestre et chanoine régulier de l'Eglise Notre-Dame de La Couronne. »

L'Histoire de l'Eglise de La Couronne, divisée en 124 chapitres, forme un manuscrit de 114 feuillets, qui conduisent le récit jusqu'au 30 octobre 1640; elle contient en outre plusieurs feuillets, dont cinq pour la table, et les autres en désordre et dispersés dans le volume.

Cette compilation d'un écrivain qui ignorait les premiers éléments de la chronologie et de la paléographie est entièrement inutile à consulter sur les années antérieures à 1275, où s'arrête le vrai texte de notre Chronique, et elle est très-fautive pour le reste. On y trouve pourtant certains détails curieux sur le XVIe siècle.

L'existence des manuscrits du frère Boutroys a été signalée pour la première fois, vers 1853, par M. Ernest Gellibert des Seguins, aujourd'hui Député de la Charente au Corps Législatif.

et la dernière, de M. Louis Desbrandes, qui s'en est beaucoup servi pour son Histoire d'Angoumois (Ms., 1816, 2 vol. in-4°). Ces copies, toutes in-4°, ne valent pas la peine d'être décrites ici avec soin, et les deux dernières sont faites sur celle de Saugeuil-La-Vallade, dont elles reproduisent les mauvaises leçons (1).

La Chronique latine de La Couronne n'est point entièrement inconnue des historiens; beaucoup en ont parlé, peu l'ont vue, presque tous l'ont dénaturée dans leurs citations (2). Il était donc important de donner une reproduction fidèle de ce document paléographique, si utile pour faire connaître l'origine et les deux premiers siècles de l'une des plus célèbres abbayes de nos provinces de l'ouest.

Dans cette intention, nous avions mis la main à ce travail voici bientôt vingt ans, et le texte principal avait même été imprimé à cette époque; mais des circonstances indépendantes de notre volonté

_____

(1) On trouvera la plus singulière de ces leçons dans l'une des notes du chapitre Ier.

(2) Les historiens qui paraissent l'avoir connue et l'ont citée avec plus ou moins d'exactitude sont : François de Corlieu, Gabriel de La Charlonye, André du Chesne, Christophe Justel, Pierre Guillebaud, dit de Saint-Romuald, Jean Besly, Scévole et Louis de Saincte-Marthe, Denys de Saincte-Marthe, Charles Du Cange, le père Anselme, le père Lelong, et M. Louis Desbrandes. Nous mentionnons dans nos notes quelques-unes de leurs citations, et nous négligeons celles des écrivains plus modernes.

nous forcèrent de suspendre cette publication, entreprise sur un plan trop étendu, et d'en détruire la totalité des exemplaires commencés (1). Aujourd'hui nous reprenons notre œuvre avec moins d'ambition, en élaguant de nos notes certaines superfluités qui s'y étaient glissées; et, dans les documents que nous ajoutons à notre publication sous le titre d'*Additamenta* (2), au lieu d'errer dans des détours dont il nous était difficile d'entrevoir la fin, nous n'avons inséré que des pièces positives se rapportant seulement aux époques contemporaines des auteurs de notre Chronique.

Il est certains détails de métier dans lesquels nous pourrions nous dispenser d'entrer. Depuis la régénération des études historiques en France, c'est-à-dire depuis environ une trentaine d'années, on est trop habitué à voir publier des textes originaux du moyen âge, soit latins, soit français, pour qu'il soit nécessaire aujourd'hui de fournir des ex-

(1) Cinq ou six exemplaires seulement des feuilles tirées furent donnés à quelques amis, et notamment à M. l'abbé J.-H. Michon, qui nous a mentionné dans sa *Statistique monumentale de la Charente* (1844, in-4°).

(2) Ce mot, que nous avons presque francisé, malgré sa terminaison latine, nous a paru préférable par son sens vague à ceux de Preuves, Instruments et autres, et nous a permis de recueillir sous un même titre tous les renseignements qui peuvent être considérés ou comme pièces justificatives, ou comme pièces supplémentaires.

plications sur la méthode que l'on a suivie en les imprimant pour la première fois. Reproduction la plus scrupuleuse du texte et respect de tous les mots de basse latinité (1), c'est ce qu'on est en droit d'exiger de l'éditeur; mais on lui permet ordinairement d'établir une ponctuation régulière et de supprimer les nombreuses abréviations de l'écriture gothique (2). Nous n'avons pas fait autre chose, et l'on ne regardera jamais comme une infraction à ces règles les mots et dates placés entre deux parenthèses, ne se trouvant pas dans le Manuscrit, mais intercalés seulement ici pour faciliter les recherches.

Afin de mettre les travailleurs à même de tirer parti du précieux document que nous livrons à leur curiosité, nous avons terminé notre publica-

---

(1) Il y a quelques mots plus ou moins barbares, tels que *augmentavit*, *guerrarum*, *situata*, *novembrio*, *etc.*, tous connus de Du Cange et de ses con-tinuateurs, et en trop petit nombre pour exiger un *index* particulier. D'autres mots sont écrits *alumpnus*, *amministrationem*, *contempnet*, *ebdomadam*, *jocunda*, *karissimæ*, *nichil*, *superhabundabat*, *etc.*, nous les avons respectés; mais il nous a paru inutile d'écrire *incarnacio*, *inicium*, *etc.*, au lieu d'*incarnatio*, *initium*, *etc.*, ces mots se trouvant dans le Manuscrit également orthographiés de la seconde manière, que nous avons adoptée pour conserver l'uniformité.

(2) Nous avons considéré comme des abréviations les *e* qui remplacent les *æ* dans le Manuscrit, puisque ces *e* simples ont toujours été dans le siècle précédent, et aussi dans le même siècle, considérés comme des diphthongues et distingués par une cédille infraposée; nous avons donc écrit *præsentium*, *victoriosissimæ crucis*, *huic ecclesiæ*, *Beatæ Mariæ*, *etc.*

tion par une table générale et synchronique où nous indiquons avec soin tous les renseignements contenus dans le texte latin, dans les notes et dans les *Additamenta*. Ce résumé facile à parcourir, où l'on trouvera sans peine les faits et les noms de personnes et de lieux mentionnés dans l'ouvrage, nous permettra de supprimer la multiplicité des *index,* indispensable pour guider le lecteur dans le dédale des cartulaires, mais encombrante et pédantesque dans des publications de moindre étendue.

E. C.

1

Quoniam igitur summam euncta prstrinximus. nunc quo ex
dine singula gesta sunt. ad consola
tionem presentium et futurorum deo
donante qualicumque sermone expli
care teptabumus.

2.

...qd ille thelaur detidabil victonolifli
me crucis dni. oblatus quoda huic eccle
a nobli uiro. diuico brim. q eum Tqdi
bello sarracenoy miraclose luctus e ta
decentiffime gferuatur.

3.

Octouianus. epus
Ego hysmey

Voir l'Explication des Planches à la fin de la publication

SANCTI SPIRITUS ADSIT NOBIS GRATIA.

INCIPIT DESCRIPTIO SUCCESSIONUM SIVE GESTORUM ECCLESIÆ DE CORONA.

E<small>A</small> quæ circa locum vel Ecclesiam (1) de Corona, ab ipsa prima fundatione usque ad
tempora nostra, gesta sunt, more historico descri-
pturi, primo illa, sicut per ordinem *eventuum,*
per capitula duximus annotanda, ac deinde,

---

(1) Le mot *Ecclesia* est pris, dans plusieurs passages de cette Chronique,
dans le sens collectif de *monastère, chapitre, diocèse,* etc., conformément à
son étymologie grecque, ἐκκλησία, assemblée, congrégation; dans d'autres
endroits, il signifie l'*église,* l'édifice où l'on s'assemble pour le culte divin.
Pour éviter toute confusion à cet égard, nous avons écrit ce mot avec une
majuscule lorsqu'il conserve la première signification.

ante ipsum scilicet ingressum historiæ, breviter intitulanda; ut, si quis de prima constructione, vel ingressione, sive de subsequentibus, *aliquid* scire voluerit, in quoto capitulo *quod* quærit inquirat, in promptu inveniat; vel etiam, si de successionibus *temporum* vel annorum scire quæsierit, nec *seriem* historiæ revolvere libuerit, ea ipsa statim fronte *percipere possit,* et quod nosse appetit valeat *concipere* (1).

INCIPIUNT CAPITULA SEQUENTIS OPERIS.

(1) Les mots imprimés en italique dans ce paragraphe sont effacés en tout ou en partie dans le Manuscrit, dont la première page a beaucoup souffert du frottement et de l'humidité. Nous nous sommes permis de les restituer, en suivant l'indication donnée par le sens ou par les quelques lettres qui paraissent encore.

(2) Ici finit la première page du Manuscrit; mais on lit dans la marge inférieure :

Anno M. C. LXXXVIII, capta est Jerusalem á Paganis.

Cette note, bien que d'une écriture ancienne et presque contemporaine de l'événement, contient cependant une erreur de chronologie. Jérusalem fut prise par Saladin, le 2 octobre 1187.

De ecclesia Sancti Michaelis inter Aquas et de ecclesia Sancti Johannis de Paludibus (2).

[Anno Domini millesimo C. XXXVII (1137), fuit ecclesia Sancti Michaelis inter Aquas constructa et

(1) A partir du 39e chapitre, la Chronique n'est plus de la même main, et les écrivains qui se succèdent ne conservent plus aucune régularité. On a remédié un peu à ce désordre en numérotant les chapitres et en changeant leur intitulation.

Voici les titres qui ont été supprimés et remplacés, comme ne se rapportant pas au contenu du Manuscrit :

De obitu domni Ademari abbatis.

De obitu domni Vitalis abbatis.

De obitu domni Heliæ abbatis.

De obitu domni Galhardi, Vasatensis episcopi.

(2) Le présent paragraphe, placé dans le Manuscrit au verso du second feuillet et imprimé ici entre deux crochets, ne fait pas, à proprement par-

ædificata, ad honorem et gloriam Dei (et) virginis Mariæ, ad recipiendum inibi Christi pauperes (1); quæ quidem ecclesia Sancti Michaelis inter Aquas est situata et fundata intra fines et limites ecclesiæ parochialis Sancti Johannis de Paludibus.

Quæ dicta ecclesia Sancti Johannis collegiata fuit fundata et ædificata in anno Domini *quingentesimo* (2) nonagesimo septimo (597), divina opitulante

---

ler, partie de la Chronique que nous publions, et son écriture ne peut remonter au delà du commencement du dix-septième siècle. Nous le conservons néanmoins, parce qu'il donne les seuls renseignements connus sur la fondation de l'église de Saint-Michel-d'Entraigues et de celle de Saint-Jean-de-La-Palud.

(1) L'église de Saint-Michel-d'Entraigues, fondée par Lambert, évêque d'Angoulême, a la forme d'un octogone entouré de huit absides semi-circulaires. Elle a été presque entièrement reconstruite dans ces derniers temps et consacrée de nouveau, le dimanche 26 septembre 1852, par Mgr René-François Regnier, archevêque de Cambrai, assisté de Mgr Antoine-Charles Cousseau, son successeur sur le siége épiscopal d'Angoulême.

Ces sortes d'édifices n'étaient pas, à proprement parler, des églises dans le sens que nous attachons à ce mot, mais simplement des lieux sacrés destinés à recueillir les pauvres pèlerins (*pauperes Christi*) qui allaient en Palestine ou en revenaient, après avoir visité la chapelle du Saint-Sépulcre, dont la forme octogonale leur était rappelée par ces retraites hospitalières. Cette opinion, que nous avons reproduite ailleurs, avait été émise en premier lieu par l'abbé Lebeuf, à propos du célèbre octogone de Montmorillon (*Hist. de l'Acad. des inscrip.*, tom. XXV, p. 131). Nous donnons dans nos *Additamenta* une charte de Lambert *de cimiterio Sancti Eparchii de Ilicibus*, où il est parlé d'un serment prêté sur l'autel de Saint-Michel-d'Entraigues.

(2) Ce mot *quingentesimo* paraît, dans le Manuscrit, avoir été mis à la place d'un autre qu'on aurait gratté et qui pourrait avoir été *millesimo*; ce qui donnerait 1097, date très-probable de la fondation de l'église de Saint-Jean-de-La-Palud, où Lambert établit, vers 1100, la première agrégation de religieux qui est devenue la mère de l'abbaye de La Couronne (voir plus bas le Chapitre Ier de la présente Chronique). D'ailleurs rien ne vient à

gratia, ad honorem Dei et virginis gloriosæ Mariæ
ac sanctorum omnium, et sub regula beati Augustini, de genere ac regali fundatione, et dotata quamplurimum opulenter a serenissimis principibus, cum
omni jure integræ decimæ et jurisdictione in et per
totam parochiam dicti Sancti Johannis de Paludibus; una cum multis aliis juribus, privilegiis, fran-
chisiis et libertatibus quamplurimum decorata et
ornata.]

BREVIS PRÆTITULATIO SUBSEQUENTIUM.

Anno ab incarnatione Domini M. C. XVIII (1118), positus est
primus lapis in toto ædificio de Corona, et anno quarto incepti ædi-
ficii, egressi sunt fratres de ecclesia Sancti Johannis et intraverunt
in Coronam, in dominica quæ intitulatur in Passione Domini, in
festo beati Gregorii, quod est III idus martii (12º martii 1122).

Anno ab incarnatione Domini millesimo centesimo quadragesimo
nono (1149), obiit domnus Lambertus episcopus, et præfuit Ecclesiæ isti in ordine abbatis per XV annos, et sedit in episcopatu tredecim annis.

Anno ab incarnatione Domini millesimo C. LXXI (1171), fundata
est nova ecclesia de Corona.

Anno ab incarnatione Domini M. C. LXXVIII (1178), obiit domnus Junius abbas. Eodem anno, facta est eclipsis solis, idus septembris, circa horam diei sextam (13º septembris 1178).

Anno M. C. LXXXXII, obiit domnus Geraldus Codonii abbas,
X kalendas Junii (23º maii 1192).

l'appui de la date de 597, répétée par un trop grand nombre d'écrivains, ni
des mots *de genere ac regali fundatione*, qui figurent dans ce paragraphe in-
tercalé et altéré après coup.

Anno M. C. LXXXXIIII, mutati sunt fratres a veteri in novam ecclesiam, III nonas aprilis (3° aprilis 1194).

Anno M. C. LXXXXIIII (1194), obiit domnus Petrus Gaufridi abbas, eodem scilicet anno mutationis.

Anno M. C. LXXXXVIII, translati sunt sancti patres a veteri in novam cryptam, idus junii (13° junii 1198).

Anno M CC. I, dedicata est nova ecclesia per manum domni Heliæ, Burdegalensis archiepiscopi, II kalendas octobris (30° septembris 1201), et in subsequenti mense novembrio facta est eclipsis solis, V kalendas decembris (27° novembris 1201).

Anno M. CC. III, obiit domnus Johannes, Engolismensis episcopus, quondam abbas Ecclesiæ de Corona, nonas martii (7° martii 1203).

Anno M. CC. X, obiit domnus Robbertus abbas, apud Pruliacum, XIIII kalendas octobris (18° septembris 1210).

Anno M. CC. XV, factus est terræ motus magnus, V nonas martii, media nocte (3° martii 1215).

Anno M. CC XXIII, obiit domnus Ademarus, abbas Ecclesiæ Beatæ Mariæ de Corona, in villa Sancti Johannis Angelici, XIII kalendas novembris (20° octobris 1223).

Anno M. CC. XXVII, obiit domnus Vitalis, abbas Ecclesiæ Sanctæ Mariæ de Corona, XVI kalendas aprilis (17° martii 1227).

Eodem anno, obiit domnus W. (Willelmus), episcopus Engolismensis, IIII nonas novembris (2° novembris 1227).

Anno M. CC. XXXII, obiit domnus Helias, abbas Sanctæ Mariæ de Corona, III nonas septembris (3° septembris 1232).

Anno M. CC. XXXV, obiit domnus Galhardus, Vasatensis episcopus, VI idus julii (10° julii 1235).

Anno Domini M. CC. XXXVIII, idus Junii, translatus est domnus Lambertus episcopus a capella cimiterii in majorem ecclesiam, ante majus altare (13° junii 1238).

Anno Domini M. CC. quinquagesimo quarto, obiit domnus W. (Willelmus) abbas, cognomento Singularis, nonas septembris (5° septembris 1254).

Majus altare consecratum est in honore Dei et beatissimæ virginis Mariæ et omnium sanctorum.

Altare quod est a sinistris, a parte Aquilonis, consecratum est in honore Dei et beatorum Petri et Pauli et omnium Apostolorum. Titulus est ad Apostolos.

Altare ultimum quod est a parte Aquilonis consecratum est in honore Dei et beatæ Mariæ et sanctorum confessorum Martialis, Augustini, Martini, Nicolai et omnium Confessorum. Titulus est ad altare Confessorum (vel Sancti Augustini).

Altare quod est a dextris, a parte australi, consecratum est in honore Dei et beatæ Mariæ et sancti Johannis Baptistæ et sancti Johannis Evangelistæ et omnium sanctorum. Titulus est ad altare Sancti Johannis.

Altare ultimum quod est a parte australi consecratum est in honore Dei et sanctæ Mariæ matris Domini et sanctæ Mariæ Magdalenæ et sanctarum Virginum Luciæ, Ceciliæ, Katherinæ et Agnetis, et omnium sanctorum. Titulus est ad altare Virginum (vel Beatæ Virginis Mariæ).

Altare quod est in choro laicorum consecratum est in honore Dei et sanctæ Mariæ et sanctorum martyrum Stephani, Eutropii, Thomæ, Laurentii, Mauricii (et) Dionysii.

Quoniam igitur summatim cuncta perstrinximus, nunc quo ordine singula gesta sint, ad consolationem præsentium et futurorum, Deo donante, qualicumque sermone explicare temptabimus (1), priscorum videlicet consuetudinem imitati, qui ea quæ ipsorum temporibus digna memoria gerebantur, per scripturæ officium, posterorum notitiæ transmittebant. Et quidem ad hoc insufficientes nos esse cognoscimus, quippe qui imperitos nos esse scientia et sermone sentimus; sed vires, quas imperitia denegat, injuncta nobis obedientia et fraterna caritas subministrant. Nullus sane, sanum sapiens, scripturam istam, scriptoris vilitate considerata, contempnet, quum, etsi persona propemodum nulla et verba quodammodo videantur incorrupta, sensus tamen inserta repleti pinguedine, quod in utroque deesse probatur sui suavitate supplebunt. Divites certe et nobiles, in donariis Domini, offerebant de multo

(1) Ce passage a été reproduit en *fac-simile*, depuis le mot *quoniam* jusqu'au mot *temptabimus*. (Voir la planche placée en tête de cette Chronique.)

modicum; vidua tamen paupercula sed devota, duo minuta subinferens, obtulit de modico multum. Cujus nos exemplo non minus consolati quam informati, tam ea quæ ipsi oculata fide perspeximus, quam ea quæ auribus nostris audivimus et patres nostri veridici narraverunt nobis fideliter, describere decrevimus. Atque, a prima domus fundatione usque ad secundam eclipsim solis quæ post novæ ecclesiæ dedicationem contigit, historicum ordinem prosecuti, ipsum, ut posteris subinferre quid libeat, suspensive reliquimus; a legentibus, si in ullo offendimus, veniam postulantes; vel, si eorum voluntati condigne paruimus, non nostram, sed illius a quo bona cuncta procedunt, gloriam requirentes; quatenus vel insufficientiam nostram excuset a nobis impensa devotio, vel Deo laudes accrescere faciat rerum gestarum certitudo.

CAPITULUM I.

De natione et conversione domni Lamberti.

Temporum igitur labente decursu, cum tempus faciendi Domino advenisset, et locum de Corona, qui tunc hominum inhabitione carebat, servorum suorum frequentia decorare decrevisset (1), erat in pago Engolismensi, qui ab adjacenti palude nomen accepit, juvenis quidam ingenuus et clericus nomine Lambertus, unde etiam et progenitores ipsius exstitisse noscuntur. Ipse quidem strenuus ac juvenili probitate præcellens, sed, sicut in talibus fieri solet, levitati ac venationi magis quam ecclesiasticis officiis rebusve divinis intendens. Verum, ut divina potentia præmonstraret quod ab ipso Lamberto draco ille antiquus conterendus foret, draconem quemdam immanissimum, qui, in spelunca manens, homines et pecora infestabat, et terram inviam ac desolatam longe lateque reddiderat, sibilo (2), ut dicitur, de caverna eductum, atque in primo congressu baculo manuali secundo tertiove percussum, et a cane qui aderat arreptum valideque concussum, et quia erectus contra advenerat jam solo dejectum, priusquam utcumque assurgeret, idem Lambertus, audacter in eum irruens, gladio quo erat accinctus eum, auxiliante Deo, detruncavit (3).

(1) Il y a en marge cette date (1095) écrite d'une main moderne.

(2) Saugeuil-La-Vallade, Desbrandes et les autres copistes du Manuscrit ont écrit : *Sibylla ut dicitur*, c'est-à-dire « comme le rapporte la Sibylle ». On ne s'attendait guère à trouver ici un oracle de la Sibylle au lieu du coup de sifflet du jeune Lambert.

(3) On a vu jusqu'en 1780 la peau d'un grand lézard appendue au mur de l'église de Saint-Pierre d'Angoulême, à droite de la porte d'entrée. M. Desbrandes (*Hist. manuscr. d'Angoumois*, in-4°, tom. II, p. 318) veut que ce soit la dépouille du dragon mentionné dans le présent passage, que Lambert aurait exposée dans sa cathédrale, *comme un trophée de sa victoire*, lorsqu'il fut parvenu à l'épiscopat en 1136.
Il est parlé de la peau de ce reptile dans les *Mémoires de l'Amérique méri-*

Cum itaque his et hujus modi juvenilibus studiis
ageretur, ille qui respicit terram et facit eam tre-
mere respexit cor et animam ejus ac visitavit eam
oriens ex alto, ut de salsugine secularis conversationis fructifera fieret per gratiam spiritalis exerci-
tationis. Imitatus proinde beatissimi patris nostri
Augustini votum, cujus imitaturus erat et actum
et habitum, sicut de illo legitur, quod proficiendi
in religione eidem amoris ardor innatus est; ita
iste, sanctæ religionis amore concepto, cum jam
ad gradum presbyterii pervenisset, atque a domno
Ademaro (1), Engolismense episcopo, in ecclesia
Sancti Johannis de Paludibus capellanus constitutus fuisset (2), in eadem ecclesia habitum sanctæ

dionale, ou Suite des Voyages de M. le baron de La Hontan (La Haye, 1714,
tom. II, p. 41); l'auteur dit que c'est un crocodile de la même figure que
ceux du Nil et du Mississipi, quoique plus petit.

M. Desbrandes (loc. citat.) fait une longue comparaison de l'action de
Lambert avec celle de Dieu-Donné de Gozon, chevalier de Rhodes. qui
délivra, dit-on, cette île d'un énorme reptile qui la ravageait. (Voir Hist. des
Chevaliers de Malthe de l'abbé de Vertot, livre V.)

(1) L'évêque Adémar, fils de Geoffroi Taillefer, comte d'Angoulême,
succéda à son frère Guillaume sur le siége episcopal, en 1076. Il avait
guerroyé en Espagne contre les Sarrasins avec le duc d'Aquitaine, et avait
été abbé de Lesterps, dans le diocèse de Limoges, près de Confolens. Il
mourut en 1101.

Ce prélat travaillait de tout son pouvoir à la propagation des ordres monastiques, comme on en jugera par la citation suivante : « Hic (Ademarus)
monachos per Engolismensem, quantum potuit, dilatavit. Dicitur etiam quod
ipse dixerat se velle unamquamque ecclesiam episcopatus Engolismensis esse
Prioratum monachorum. Cui indignatus Hugbertus sacrista respondit : « Et nos
« canonici in singulis ecclesiis Engolismensis episcopatus singulos vellemus esse
« episcopos. » (Voir Hist. pontif. et comit. Engol., tom: II Novæ Biblioth.
manusc. libr. Ph. Labbe, p. 258, et notre édition, p. 39.)

(2) Il y a en marge 1100° Christi, d'une écriture moderne.

religionis accepit, et conventum fratrum religiose secum viventium congregavit, ac secum aliquos Domino pariter servientes adjunxit (1).

CAPITULUM II.

De situ loci de Corona antequam habitaretur.

Erat tunc locus de Corona inhabitabilis et invius, utpote paludibus undique circumseptus, et ob insitæ petræ ariditatem ab omni cultura alienus, a solis pastoribus illuc confluentibus et colludentibus frequentatus; et quia in medio paludis aliquatenus eminebat, non Corona sed Coronella nomen acceperat. Hunc locum divina providentia, quæ in sui dispositione non fallitur, sibi elegit et præelegit, seque per servos suos ibi perpetuo habitaturam (2)

---

(1) L'auteur de ce commencement de notre Chronique, qui écrivait de 1201 à 1223, avait eu connaissance du manuscrit de l'*Historia pontificum et comitum Engolismensium*, composé antérieurement au 15 octobre 1139, et il lui emprunte les propres expressions de la phrase que nous annotons ici et de celle qui termine le chapitre IV. (Voir tom. II *Novæ Biblioth. manusc. libr.* Ph. Labbe, p. 261, et notre édition, p. 52.)

(2) On lit *habitaturum* dans le Manuscrit.

signis evidentibus declaravit : cuidam namque de
senioribus, sicut audivimus, videbatur in somnis
quod beata Maria locum ipsum quasi metiendo
deambularet, dicens quod ibi cum filio suo man-
sionem habere decrevisset.

CAPITULUM III.

*De primo ingressu domni Lamberti et sociorum
ejus in Coronam, ac primi lapidis positione.*

Intelligens itaque venerabilis Lambertus , et
cæteri qui cum ipso erant, ex certa ostensione
signorum, quæ esset voluntas Dei bona et bene
placens et perfecta, atque ab omni tumultu et frequentia secularium penitus cupientes abscedere, et
jam ad ædificandum necessariis præparatis, anno
ab incarnatione Domini millesimo centesimo octavo
decimo, in festo sanctorum martyrum Nerei,
Achillei atque Pancracii (12º maii 1118), egressi de
ecclesia Sancti Johannis cum solemni processione,
præcedente cruce et aqua benedicta, cantantes le-
taniam, locum de Corona ingressi sunt, ipsumque
suo sacro introitu quodammodo dedicaverunt, at-

que in toto ædificio primum lapidem posuerunt (1).
Deinde, fere per quadriennium exstructis officinis
quæ Dei famulis necessariæ videbantur, dictus
Lambertus ac cæteri fratres diem statuunt quo locum de Corona ibi deinceps habitaturi et Domino
servituri intrarent. Quod cum in auribus populi
per circuitum claruisset, fit concursus innumeræ
multitudinis abbatum, religiosorum, clericorum et
laicorum, adeo ut nec Wlgrinus (2), illustrissimus
comes Engolismensis, a tam solemni devotione
deesset, et stipatæ plateæ populis vix parvam se-
mitam fratribus egredientibus aperirent.

(1) Il ne faut pas confondre cette église abbatiale de La Couronne, qui
n'existe plus, avec la grande église dont nous voyons les ruines aujourd'hui :
cette dernière fut édifiée au nord de la première, de telle sorte qu'une partie du mur septentrional de l'église fondée en 1118 fut conservée dans le
mur méridional de celle qui commença à être bâtie en 1171. (Voir le plan
joint à la présente publication.)

(2) Wlgrin II succéda à son père Guillaume III en 1120, et mourut le
16 novembre 1140, au château de Bouteville (*apud castellum Botavillam*).

CAPITULUM IV.

De ultimo egressu fratrum ab ecclesia Sancti Johannis et solemni ingressu in Coronam, ac consecratione domni Lamberti.

Anno igitur ab incarnatione Domini millesimo centesimo vicesimo secundo, ab incepto scilicet ædificio de Corona anno quarto, in dominica quæ intitulatur in Passione Domini, in festo beati Gregorii, quod est IIII idus martii (12° martii 1122), ordinata solemniter ac devote processione in ecclesia Sancti Johannis, præsente domno Willelmo, venerabili Petragoricensi episcopo, impositaque letania, egressi sunt de sæpe dicta ecclesia in qua eos primo congregaverat in unum Christi (1) amor, et cum magna lætitia ac devotione multisque lacrymis locum de Corona ad promerendam vitæ æternam coronam novi habitatores ingressi sunt. Ibique domnus Girardus (alias Gerardus) (2), Engolismensis episcopus et sanctæ romanæ Ecclesiæ

(1) Le Manuscrit porte toujours *Xpi, Xpo*, etc., pour *Christi, Christo*, etc.

(2) Girard, natif du diocèse de Bayeux, évêque d'Angoulême de 1101, ou plutôt de 1102, à 1136, et légat apostolique, fut l'un des plus zélés partisans de Pierre de Léon, l'antipape Anaclet.

legatus, qui cum aliis multis religiosis atque nobilibus viris dictorum fratrum præstolabatur adven-
tum, eos in ecclesia sanctæ Dei genitricis excepit,
et ibi eos omni deinceps tempore Christo Domino
famulaturos, velut sanctæ et apostolicæ sedis a-
lumpnus ac signifer, collocavit. Venerabilem vero
Lambertum, qui prius a fratribus canonice fuerat
electus, primo sub professione regularis habitus
benedixit, ac deinde ipsi consecrationem cum nomine et officio abbatis imposuit. Postmodum vero
locum ipsum immunem perpetuo fore ac liberum,
data privilegii sui auctoritate, decrevit; et quia
prius Coronella, ut diximus, appellabatur, Coronam deinceps vocari instituit. Quoniam autem, ut
prælibavimus, ingressum istum dominica in Passione Deo donante contigit evenisse, domnus Lambertus in sequenti Domini Resurrectione cæteris
fratribus canonici habitus benedictionem induxit,
quos bonis moribus et institutionibus eximiis exor-
navit; prædictæ Ecclesiæ multa bona acquisivit;
illam molendinis, silvis, prædiis, pratis ditavit; reliquiis, libris et ornamentis decoravit. Quantum
autem ex scriptis antiquis computare potuimus,
ante ingressum Coronæ, apud ecclesiam Sancti Johannis per XX annos, vel eo amplius, in Dei ser-
vitio permanserunt.

4

CAPITULUM V.

De promotione domni Lamberti in episcopatum.

Cum igitur venerabilis abbas Lambertus statum loci istius sacrasque consuetudines suo exemplo et auctoritate per XV annos interius exteriusque fundasset, et romanorum pontificum privilegiis sanctorumque reliquiis communisset, dicto Girardo de medio sublato, qui ob dissentionem Petri Leonis, cujus partem fovebat, inter scismaticos fuerat deputatus; domnus et pater noster Lambertus, natione Engolismensis, de vico Paludis, patre Fulcherio, matre Leggarde natus, vir siquidem sapiens et disertus et summæ eloquentiæ et maximæ religionis, concordi electione cleri ac favore totius populi, in ecclesia Sancti Petri Engolismensis kathedram pontificalem accepit. Ubi non solum episcopalem amministrationem fideliter exsequens, verum etiam habitum et ordinem regularem diligenter observans, Christo Domino auxiliante, se talem exhibuit ut carus et acceptus Deo et hominibus haberetur (1).

(1) Nous reproduisons dans les *Additamenta* trois chartes de Lambert, l'une qu'il donna comme simple chapelain de Saint-Jean-de-La-Pallud, dès le 2 juillet 1116, et les deux autres comme évêque d'Angoulême.

CAPITULUM. VI.

De successionibus patrum qui, tempore episcopatus ipsius, isti Ecclesiæ præfuerunt.

Præsulatus itaque (Lambertus), sublimatus honore, regimen Ecclesiæ de Corona dedit uni e fratribus, nomine Fulcherio Arradi, qui ab initio conversionis in religione ac devotione ipsi individuus comes exstiterat, qui et morum probitate et vitæ honestate cæteris præminebat. Hic autem, cum vicem et officium abbatis strenue ministraret, nomen tamen et locum abbatis quamdiu vixit renuit obtinere. Qui cum, consummato cursu ac fide servata, migrasset ad Dominum, domnus Lambertus episcopus fratrem quemdam sanctum et religiosum, nomine Heliam Grataudi, ob innocentis et simplicis vitæ meritum, in abbatem istius Ecclesiæ consecravit. Sed idem vir sanctus, cum curarum secularium pondere premeretur, quippe qui longe aliter fuisset edoctus, ad tantum onus se insufficientem proclamans, nomen et officium abbatis coram domno Lamberto episcopo spontanea voluntate deposuit. Idem vero episcopus sub consecratione abbatis commisit Ecclesiam istam regendam uni e fratribus, nomine Junio, qui, cum esset junior tempore,

grandævus tamen erat merito et actione. Hic utique,
juxta quod dicitur gloria patris est filius sapiens,
quasi alter Judas Machabæus, in armis spiritalibus
patris loco surrexit, ferventissimo desiderio sanctorum reliquias aggregavit, officinas exstruxit, præ-
dia adquisivit, ornamenta, reditus, possessiones
multipliciter ampliavit, privilegia innovavit, et, sicut de Simone legitur, cunctis diebus suis bona gen-
tis suæ in quantum potuit exquisivit.

CAPITULUM VII.

De obitu domni Lamberti.

At vero domnus Lambertus, cum per tredecim
annos Engolismensem Ecclesiam obtime gubernas-
set, ita ut carus et acceptus esset Deo et omni populo, anno ab incarnatione Domini M. C. XLVIIII,
ab ingressu vero in Coronam plus minus XX^{mo}
VIII^{vo}, non absque totius patriæ planctu et gemitu,
inter manus filiorum suorum, fratrum scilicet de
Corona, diem clausit extremum, sepultusque est
apud Coronam ad caput ecclesiæ veteris, forinse-

cus, prope altare Beatæ Mariæ, idus junii (13° junii 1149) (1).

Venerabilis autem Junius abbas, licet piissimi patris corporali præsentia fuisset orbatus, tamen paracliti spiritus gratia consolatus, novellam plantationem, quæ sub domno Lamberto radicibus convalescentibus jamjamque in altum per Dei gratiam profecerat, iste sapientiæ et doctrinæ fluentis irrigare curabat, atque ad ubertatem et multiplicationem fructuum perducere satagebat.

CAPITULUM VIII.

De opinione et divulgatione religionis istius Ecclesiæ.

Florebat tunc in ista Ecclesia sanctæ religionis et singularis caritatis opinio; et, velut pretiosi unguenti

(1) Le corps de Lambert, inhumé d'abord, le 13 juin 1149, à l'extérieur du chevet de l'ancienne église, fut transféré avec celui des autres abbés dans la crypte du cimetière des moines, le 13 juin 1198, et de là placé dans la nouvelle église, le 13 juin 1238, et surmonté d'un tombeau extérieur. (Voir l'une des notes du Chapitre XLII et le plan joint à notre publication.)

N'oublions pas de mentionner que le chef et autres reliques du bienheu-

aspersa fragrantia (1), locus iste piæ conversationis et districtissimæ disciplinæ longe lateque infundebat et spirabat odorem; adeo ut multæ Ecclesiæ kathedrales, multa cœnobia, multique magni et reverendi abbates, videlicet domnus Bernardus Clarevallensis (2), et domnus Reinardus Cisterciensis et domnus Stephanus Cluniacensis, aliique quamplures, hujus Ecclesiæ societatem præsentes expeterent et beneficiorum quæ in ea fiebant participes fieri instantissime postularent.

CAPITULUM IX.

Qualiter domnus Junius abbas novam ecclesiam inchoare disposuit.

Cum itaque Ecclesia de Corona his et hujus modi meritorum præconiis præfulgeret, et multi rotam

reux Lambert avaient été séparés de son sorps et mis dans « deux châsses « de cuivre doré et émaillé, de grand et exquis artifice ». (Boutroys, Ms. n° 2, *Inventaire des reliquaires*, etc., de l'an 1562.)

(1) Il y a *fraglantia* dans le Manuscrit.

(2) Nous avons reproduit, dans notre édition de l'*Historia pontificum et comitum Engolismensium* (note G, p. 87 et suiv.), une Lettre de saint Bernard adressée au pape Eugène III, où il est parlé très-honorablement de Lambert (*sanctæ memoriæ Lambertus episcopus*).

mundi volubilem fugientes in ipsa Ecclesia sese do-
minicis castris conarentur inserere, fratrumque nu-
merositate crescente ad eorumdem receptionem vetus ecclesia minus idonea et insufficiens videretur,
divina clementia cordi famuli sui domni Junii abbatis immisit ut ædificaret domum nomini Domini
altissimi. Qui, cum fratribus communicato consilio,
et non de pecuniæ thesauris, sed de divinæ gratiæ
largitate confidens, tabernaculi admirabilis opus
aggreditur, et cuncta quæ ad ædificationem domus
Dei necessaria videbantur summa sollicitudine et
intenta celeritate præparare conatur. Quibus ex
parte paratis, de communi consilio dies statuitur
quo primus lapis in novo ædificio poneretur. Quo
comperto, reverendi pontifices, domnus scilicet
Petrus (1) Engolismensis, qui fuerat abbas Ecclesiæ
Sancti Amandi de Buxia, et domnus Petrus Mimez
Petragoricensis, clerus quoque ac populus procul et
in circuitu constitutus, gregatim ad Coronam hinc
inde conveniunt, ut primi lapidis positionem ipsa fidelium devota frequentia quodammodo dedicarent.

---

(1) Pierre de Laumond (*Litimundi*), appelé aussi de Sonneville (*de Sonavilla*), succéda à Hugues de La Rochefoucauld sur le siége épiscopal d'Angoulême en 1159, et mourut en 1182 Il se passa de son temps à Mansle une
chose bien épouvantable. Des scélérats avaient indignement mutilé les prêtres de cette paroisse. L'un des assassins confessa publiquement son crime
et donna ses biens en réparation à l'église Saint-Pierre, comme le témoigne
la charte suivante : « *Notum sit... quod Petrus Chauvet, qui destructioni sa-
cerdotum de Manlia interfuit, cum de linguis eorum abscissis, de oculis erutis,
de genitalium alterius abscissione, nec ipsis nec ecclesiæ satisfacere posset, pro
satisfactione, inquam, dedit Deo et ecclesiæ Sancti Petri Engol. quidquid possi-
debat in parochia de Manlia, etc..... hoc autem donum factum est anno incarn.
Dom. M. C. LXVIII.* » (Voir *Gal. Christ.*, tom. II, col. 1005.)

CAPITULUM X.

De positione primi lapidis in nova ecclesia.

Die igitur statuta illucescente, in festo videlicet sanctorum martyrum Nerei, Achillei atque Pancracii (12° maii 1171), post sacra missarum solemnia, ordinata cum magna devotione et majore solito apparatu processione in priori ecclesia, egressus est conventus per porticum claustri quæ est ante capitulum, cantando responsum *Dum exiret Jacob de terra sua vidit gloriam Dei,* præcedentibus prædictis episcopis in vestibus candidatis, domno quoque Junio abbate cum cæteris ministris, cum cruce et aqua benedicta, cum cereis et thuribulis, et per claustrum infirmorum venerunt ad locum propositum in quo lapis qui primo ponendus erat fuerat præparatus. Ubi, finito responso et letania decantata, aliud responsum rursus incipitur *Audi, Domine, hymnum et orationem quam servi tui orant coram te hodie;* quo finito, post collectam *Actiones nostras quæsumus, Domine, aspirando* (1)

---

(1) A partir d'ici, c'est-à-dire de la première ligne du *recto* du onzième feuillet, l'écriture du Manuscrit ne remonte pas au delà du dix-septième siècle; elle continue ainsi jusqu'au quinzième feuillet, où reprend l'écriture gothique. Cette interruption aura sans doute été occasionnée par l'état de dégradation où se trouvaient les feuillets remplacés.

præveni et adjuvando prosequere, in præsentia sanctorum pontificum et omnium fratrum, positus est primus lapis in ædificio novæ ecclesiæ, et positus est in fundamento altaris Beatæ Mariæ. Erat autem lapis ille per totam superficiem diligenter insculptus, habens in singulis angulis singulos in modum rotæ circulos et unum in medio; et per hæc quinque loca in singulis circulis continebatur PAX HIC, et per cætera spatia, quæ inter circulos quasi vacua remansisse videbantur, sculptum erat : ANNO AB INCARNATIONE DOMINI MILLESIMO CENTESIMO SEPTVAGESIMO PRIMO DOMNO ALEXANDRO PAPA TERTIO APOSTOLICO PRESIDENTE ET DOMNO PETRO ENGOLISMENSI EPISCOPO LVDOVICO REGE FRANCORVM ET HENRICO REGE ANGLORVM ET DUCE AQUITANORVM POSITVS EST PRIMVS LAPIS IN FVN-DAMENTO ALTARIS BEATE MARIE DE CORONA (1).

CAPITULUM XI.

De reliqua exstructione ipsius ecclesiæ.

Digniori igitur parte templi exstructa, videlicet

(1) Pierre de Saint-Romuald (*Chron., seu Contin. Chron. Adem.*, p. 111) a arrangé cette inscription à sa manière. Il ne s'est pas contenté d'en boule-verser le texte, il en a même dénaturé le sens, en lui faisant dire que la pre-

majori altari (1), et arreptis ad ædificandum parie-
tibus, divina gratia, quæ actionem illam aspirando
prævenerat, adjuvando prosequente, ita mirabili celeritate opus illud exstruit, ut, si alias ecclesias quæ
per civitates seu diversas abbatias ante annos plu-
rimos attendamus, hujus structuræ perfectionem
nequaquam humanis viribus, sed divinis auxiliis
imputemus. Quippe, infra viginti duos annos, tota
ecclesia cum muris, columniis atque ciboriis consummata est, præter duo ciboria quæ sunt a parte
australi, crypta videlicet Virginum cum suo ciborio
et aliud ciborium contiguum dormitorio, quia, quousque vetus ecclesia dirueretur, ista construi non va-
lebant. Deinde per duos sequentes annos strata sunt
pavimenta circa altaria et in choro fratrum clericorum et per transversum crucis, perfectumque est
campanarium; et ita factum est ut in vigesimo quarto
anno ab inchoatione ecclesiæ fratres in ipsa ad ser-

---

mière pierre de l'édifice avait été posée dans les fondements du *grand autel :*
« Super illum lapidem erat scriptum, in prima facie, *Pax hic,* et in altera :
*Anno incarnationis Domini 1171, cum Alexander 3 teneret thronum S. Petri,
Petrus episcopatum S. Ausonii, Ludovicus regnum Franciæ, et Henricus 2
coronam Angliæ et Aquitaniæ, primus lapis fuit positus in fundamento* MAJORIS
ALTARIS *nostræ Dominæ de Corona.* » La découverte récente de la pierre
de fondation du grand autel (voir la note suiv.) est venue démentir cette
interprétation du continuateur d'Adémar.

(1) La première pierre du grand autel a été trouvée sur place, le 20 avril
1842. Elle est du 15 mai 1174, et par conséquent postérieure de trois ans
à la première de l'édifice. Comme celle-ci, elle a un petit cercle en forme de
roue à chaque coin, mais sans les mots *Pax hic.* Sa largeur est de trois pieds
trois pouces et demi, et sa hauteur de deux pieds cinq pouces.

En voici l'inscription, que nous avons copiée le plus exactement possible,

viendum Domino mutarentur, sicut in sequentibus plenius prosequemur. Interim vero, quia ad rem pertinere videtur, successiones patrum, qui infra hoc spatium isti Ecclesiæ præfuerunt, huic nostræ narrationi duximus inserendas.

en supprimant néanmoins les abréviations et la forme de quelques lettres, que les caractères d'imprimerie ne nous permettent pas de reproduire :

XPC   VINCIT   XPC   REGNAT

ANNO AB INCARNATIONE DOMINI M⁰. C⁰. LXX⁰. IIII⁰. IDVS
MAI EGO PETRVS ENGOLISMENSIS ET EGO PETRVS PETRA-
GORICENSIS EPISCOPI ET EGO IVNIVS INDIGNVS ABBAS DE CORO
POSVIMVS HVNC LAPIDEM IN EDIFITIO HVIVS ALTA-
RIS AD LAVDEM ET GLORIAM OMNIPOTENTIS DEI ET IN HONO-
RE BEATE DEI GENITRICIS SEMPER VIRGINIS MARIE
ET OMNIVM SANCTORVM IN NOMINE PATRIS ET FILII ET SPC SANCTI

A   M   E   N

XPC   IMPERAT   AMEN

Les possesseurs actuels des ruines de l'église ont fait replacer cett pierre dans son lieu primitif, le 10 septembre 1842, avec l'inscription suivante sur une plaque de plomb :

HVNC SACRVM LAPIDEM
LIGONE EXTRACTVM PROFANO
PAVLVS THOMAS ET IACOBVS PAVLVS THOMAS DE LACROISADE
ECCLESIÆ DIRVTÆ POSSESSORES
TESTIBVS
I. F. EVSEBIO CASTAIGNE ENGOLISMENSI BIBLIOTHECARIO
ET I. F. ADRIANO CORBIN ENGOLISMÆ DOCENTE
AD FIDEM ET VLTIONEM MONVMENTI
IN PRISTINVM LOCVM
RVRSVS POSVERVNT
✝
IV IDVS SEPTEMBRIS ANNO DOM. M D CCC XLII.
✝

CAPITULUM XII.

*De successionibus patrum qui, infra consummatio-
nem ecclesiæ, loco isti præfuerunt, et de eclipsi
solis.*

Cum itaque domnus Julius (supra Junius) abbas
novæ ecclesiæ fundamenta jecisset, et locum istum
super triginta annos excellentissima moderatione
rexisset, atque adhuc virtute corporis et sensuum
integritate polleret, inopinata infirmitate correptus
et ad extrema perductus, anno ab incarnatione Domini millesimo centesimo septuagesimo octavo,
apud Coronam, inter manus et lacrymas fratrum,
extremæ vitæ spiritum exhalavit, ex suo discessu toti
patriæ planctum maximum et mœrorem inducens.
Quippe, cum esset sapientia carus, scientia præditus, sermone facundus, ingenio singulari, vitæ honestate morumque probitate mirabilis, ita ut inter
prælatos occidentales veluti quidam solis radius
specialiter emicabat, adeo ut non solum ecclesiasticis, sed et ipsis quoque regibus et principibus carus ac reverendus existeret, ipso de medio sublato,
post illum in partibus istis non surrexit inter natos
mulierum major eo, nec est inventus similis illi, qui
frequentissima intentione inquireret non quæ sua
sunt, sed quæ Jesu Christi. Obiit autem III kalendas

aprilis (30° martii 1178); et in ipso anno, in sequenti scilicet vigilia Exaltationis sanctæ Crucis (13° septembris), facta est eclipsis, id est defectus solis, inter sextam et nonam horam; et dies, quæ serenissima refulgebat, ita obscurata est ut in nocte conversa propemodum videretur, ac circa solem nigrum et decoloratum stellæ plurimæ conspicerentur (1). Quod non casu, sed pro signo terribili, crediderim evenisse : quia, eo ipso in tempore, obiit sanctissimus ac reverendissimus Alexander tertius, papa Romanus (2), et rex Francorum piissimus Ludovicus (3); et exinde multiplicata sunt mala in terra, prælia concitata, fames et pestilentiæ, rerumque mutationes plurimæ sunt subsecutæ; ita ut, infra decem annos, rex Hierosolimorum cum cruce dominica in prælio caperetur (4), christianus populus gentili gladio truncaretur, civitas sancta Hierusalem et terra illa in cujus medio Dominus salutem operatus est ab infidelibus occuparetur (5), terra quoque Hispaniæ a paganis inundaretur et ex parte maxima vastaretur. Tacemus de stragibus christianorum, quas per Avernium, per Cadurcinium, per Engolis-

(1) Cette éclipse est ainsi notée dans la *Chronologie des Eclipses*, dressée par Pingré pour l'*Art de vérifier les dates* : « 13 sept. à midi. Eur. Afr. As. au S O. centr. 46 (39) 18, T. »

(2) Le pape Alexandre III mourut le 27 ou le 30 août 1181, avant l'éclipse.

(3) Louis VII, dit le Jeune, mourut le 18 septembre 1180.

(4) Guy de Lusignan, roi de Jérusalem, fut pris à la bataille de Tibériade, le 3 juillet 1187.

(5) Jérusalem fut prise par Saladin, le 2 octobre 1187.

mum et per diversas mundi partes ex tunc contigisse cognovimus, ne aut horrorem legentibus in-
cutiamus, aut narrationem nostram plus quam ex-
pedit extendamus.

D. Johannes de Sancto Valio, V abbas. Successit
igitur domno Julio abbati, in regimine hujus Ecclesiæ, domnus Johannes de Sancto Valio, vir simplex
et rectus ac timens Deum; sed non multo post in
episcopum Engolismensem assumptus, ibique a regibus et principibus multas tribulationes, damna et
exilia (1) passus; semper tamen magnifice de omnibus his eum liberavit Dominus, quia erat cultor innocentiæ, religionis et justitiæ. Et revera, in his quæ
ad Deum pertinent, erat vir ille magnus inter omnes
occidentales, cui divina clementia tantum suæ gratiæ dedit indicium ut, ab ipso pene exordio usque
ad dedicationem, cunctis quæ circa novam ecclesiam gesta sunt ipse interfuerit, ipse in ea tria altaria consecraverit, ipse fratres in ea collocaverit,
ipse sanctos patres transtulerit, ipse postremo eam-
dem ecclesiam cum cæteris coepiscopis dedicaverit.

D. Geraldus, VI abbas. Postquam vero kathedram pontificalem (Johannes) accepit (1182), suscepit Ecclesiam istam regendam domnus Geraldus
Codonii, vir quidem genere, sapientia et morum
gravitate conspicuus, qui, cum fere decem annos isti

---

(1) On ignore quel fut le motif des persécutions que l'évêque Jean de
Saint-Val eut à éprouver de la part du pouvoir temporel ; elles durent pro-
venir vraisemblablement de ce que le prélat s'était trop hâté de consacrer
l'union de Jean-Sans-Terre avec Isabelle Taillefer, fille d'Adémar, déjà
fiancée à Hugues X, comte de la Marche..

Ecclesiæ strenue præfuisset, longa seu diuturna infirmitate oppressus, anno Verbi incarnati millesimo centesimo nonagesimo secundo (1192), obdormivit in Domino (1).

D. Petrus Gaufridus, VII abbas. Et illius gradum domnus Petrus Gaufridus est assecutus; erat ejus propinquus; quem, quia mitis erat et humilis corde, tanto Dominus suæ gratiæ privilegio decoravit ut in diebus ejus fratres in novam ecclesiam ad serviendum Domino transmigrarint.

CAPITULUM XIII.

Quod in diebus domni Petri Gaufridi transmigrationem fratrum in novam ecclesiam evenire contigit, et de consecratione duorum altarium.

Anno siquidem secundo promotionis ipsius (1194), cum jam dicta ecclesia divinis obsequiis idonea videretur, et nihil superesse, nisi ut a parte australi

(1) En l'année 1183, du temps de cet abbé, le monastère de La Couronne eut à souffrir des dissensions qui s'élevèrent en Aquitaine entre Henri II, roi d'Angleterre, et son fils Henri, dit au Court-Martel, ainsi que le témoigne ce passage d'une ancienne chronique : « *Paschalem solemnitatem elegit et peregit rex* (Henricus II) *in urbe Lemovicina. Ejus filius Henricus tenuit Engolismam cum multitudine malignantium ; in quibus locis solebat dulcimodum cantari* Alleluya*, heu ! væ ! calamitas perstrepebat, grassante perfi-*

vetus ecclesia dirueretur, ut iter ad novam aditus pateretur, de consilio supradicti Engolismensis episcopi, ac de communi assensu et voluntate capituli, dominica in Ramis Palmarum quæ instabat eligitur ut in ipsa die fratres novam ecclesiam cum laudibus ingrederentur.

Igitur, in sexta feria (1) quæ dictam dominicam præcedebat, consecratum est altare quod intitulatur ad Apostolos, a parte Aquilonis, per manum domni Johannis Engolismensis episcopi, in honorem Dei et sanctæ Mariæ virginis et sanctæ Crucis et sanctorum apostolorum Petri et Pauli, omniumque beatorum apostolorum et omnium sanctorum Dei.

Sequenti vero die, id est sabbato, consecravit idem episcopus altare quod intitulatur Sancti Johannis, a parte australi, in honorem Dei et beatæ Mariæ Virginis et sancti Johannis Baptistæ et sancti Johannis Evangelistæ et omnium sanctorum Dei. In quibus diebus cernere erat quam instanti frequentia frequentique instantia alii signa in campanario collocabant, alii pavimenta sternebant, alii sedilia collocabant, alii parietes liniebant, et omnes simul cuncta quæ ad imminentem mutationis (2) solemnitatem pertinere videbantur summa alacritate et diligentia præparabant.

dia..... (et post Rogationes) *de cœnobio quoque quod dicitur Corona, in Engolismensi pago, et de quibusdam ecclesiis thesauros multos irreverenter abstraxit.* » (Voir *Chron. Gaufredi prioris Vosiensis*, tom. II *Novæ Biblioth. manusc. libr.* Ph. Labbe, p. 336.)

(1) *Sexta feria*, le vendredi.

(2) Il y a *mutationem* dans le Manuscrit.

CAPITULUM XIV.

De transmigratione ipsa a veteri in novam ecclesiam.

At ubi dies desideratæ transmigrationis illuxit, indutis post capitulum ministris, ac tertia decantata, et ordinata cum magna devotione et gaudio processione in ecclesia veteri, impositaque ex more antiphona *Collegerunt pontifices,* præcedentibus domno Johanne, Engolismensi episcopo, domno Petro, abbate de Corona, domno Ramnulpho, abbate Sancti Eparchii, et domno Petro, abbate de Cellafrui, cum cæteris ministris, egressi inde venimus in capellam infirmorum. Ibique a domno episcopo ramis benedictis et more solito fratribus distributis, mota processione venimus et stetimus ante januam ecclesiæ veteris, ubi ex more finito *Gloria laus,* impositoque responso *Ingrediente Domino in sanctam civitatem,* ingressi sumus et nos in civitatem novellam et sancta cujus fundamenta in montibus sanctis quam ipse fundavit Altissimus. Ingressi, inquam, sumus, non quidem faciem templi coronis aureis aut scutulis exornantes, sed pro coronis aureis choros in circuitu frondibus laureis laureantes, et pro scutulis alacritatem mentium præferentes, et velut spiritales choros ducentes, hinc vocibus in altum resonantibus, hinc lacrymis in ora defluentibus, et ipsam

6

cantus suavitatem majori dulcedine interrumpentibus. Et quoniam in hac die in divino officio mystice cuncta aguntur, quia scilicet gaudium processionis sequitur dolor passionis, ut postea perveniatur ad gaudium resurrectionis, transmutationem istam divina dispensatione tali die credimus evenisse, ut scilicet daretur intelligi quod illi qui de seculi vana lætitia in hoc loco ad Dei servitium convertentur, contristari salubriter ad pœnitentiam non dedignentur, ut modo, in lacrymis seminantes, ad gloriam resurrectionis veniant, in exsultatione bonorum operum manipulos præferentes.

Evenit autem nostra translatio anno ab incarnatione Domini millesimo centesimo nonagesimo quarto, dominica in Ramis Palmarum, quæ fuit III nonas aprilis (3° aprilis 1194).

CAPITULUM XV.

De obitu domni Petri Arradi (prioris) et domni Petri Gaufridi abbatis, et de quibusdam quæ subsecuta sunt.

In præcedenti vero solemnitate Assumptionis (1)

---

(1) L'écriture gothique reprend à partir de la moitié du mot *Assump-*TIONIS, c'est-à-dire de la première ligne du *recto* du quinzième feuillet du Manuscrit.

beatæ Mariæ, tertio scilicet die infra octabas
(19° augusti), obiit domnus Petrus Arradi, prior
claustri, vir cunctis claustralibus disciplinis im-
butus, singulari ingenio præditus, scientia et
sermone peritus, et qui in corrigendis fratrum
excessibus disciplinam patris, et in portandis
fraternis oneribus et consolationibus adhibendis
matris pietatem et gratiam exhibehat. Deinde,
revoluto anno, in sequenti scilicet vigilia Assumptionis (14° augusti 1195), excessit e seculo domnus
Petrus Gaufridi, abbas hujus Ecclesiæ, apud
Rupellam; sed inde huc sub celeritate perlatus,
in ipso die Assumptionis, post sacra missarum
solemnia, sepultus est honorifice cum patribus
suis, cum non nisi per biennium et tres menses
isti Ecclesiæ præfuisset. Sed quia homo mitis-
simus erat, festinavit Dominus educere eum de
medio iniquitatis, ne oculi ejus viderent mala
quæ Dominus inducturus erat super omnem
terram. Certe ipse annus quo ille obiit unus et
primus erat de illis quinque, aut sex, vel etiam
septem, qui regiones istas ita clade vehementis-
sima vastaverunt, ut dissimiliter quidem videretur impleri quod legitur in propheta, quia
residuum bruchi comedit locusta et residuum
locustæ comedit ærugo. Revera, in diebus illis
intolerabilem et usque ad tempus illud inauditam
famem comitabatur guerrarum tumultus et hos-
tilis incursus; et hæc duo flagella, videlicet famem
et gladium, luporum immanissima rabies seque-
batur; ut qui unum vel alterum de tantis incommodis videbatur effugere, perimendus alteri tra-

deretur; in tantum ut multis hominum millibus, tam fame quam gladio, quam etiam bestiis, de medio sublatis, vix esset qui vivere liberet, etiam si liceret (1). Et quidem, cum multa et magna cœnobia in tempore illo propter sinistros eventus pene desolarentur, tantam Dominus gratiam isti Ecclesiæ conferre dignatus est, quod nec numerositas fratrum, nec sumptus familiarium, nec susceptio hospitum, diminutionem aliquam paterentur, sed omnia cursum suum et expensas solitas interius exteriusque servarent.

CAPITULUM XVI.

De domno Robberto abbate.

Successit autem domno Petro Gaufridi domnus Robbertus, natione Xanctonicus, vir fidelis ac Deo devotus; sed quia, stylo hujus schedulæ percurrente, ipse adhuc vivebat in corpore, ne

(1) Tableau effrayant qui rappelle cette éloquente peinture d'une époque plus rapprochée de nous de deux siècles : « La campagne dépeuplée se « peuplait d'une autre sorte : des bandes de loups couraient les champs, « grattant, fouillant les cadavres. » (*Hist. de France*, de M. Michelet, tom. IV, p. 405.) Soyons curieux du passé, mais amis de notre temps.

oblocutoribus daretur occasio vel adulatio puta-
retur, ea quæ de ipsius vita et moribus dici opor-
tebat duximus reticenda. Verum statim, in ipso
ejus ingressu, mala mundi vehementius undique
fremere et stridere cœperunt; et, sicut dicitur
quod tanquam aurum in fornace probavit electos
suos Dominus, propter difficultatem temporis
idem abbas tanto tribulationum et angustiarum
igne decoctus est, quod, nisi quia Dominus ad-
juvit eum, paulo minus in desperationem vertere-
tur anima ejus.

CAPITULUM XVII.

De ædificatione cryptæ sepulchorum.

Attamen in quinto anno promótionis (1) ipsius
(1198), qui erat etiam annus quintus ab introitu
fratrum in nova ecclesia, cum Dominus iram
suam paululum mitigasset, plebemque suam quæ
multis incommodis premebatur paulatim respirare concederet, sed propter immensam caritiem
quæ præcesserat Ecclesia ista, sicut et cæteræ
nobiliores, usque ad fundamentum esset exina-

(1) Il y a *promotiotionis* dans le manuscrit.

nita, domnus abbas, non de thesauris pecuniæ
quæ nulla remanserat, sed de Dei larga clementia
plene confidens, cum fratribus communicato
consilio, plus minus uno mense ante anniversarium domni Lamberti, sepulturam ipsius socio-
rumque ejus ædificare aggreditur, prudenti videlicet providentia fultus, ut in ipso anniversario
idem domnus Lambertus ejusque socii transferrentur.

CAPITULUM XVIII.

De sepultura domni Geraldi (Codonii) abbatis.

Verumtamen domnus Geraldus Codonii provide
sepultus fuerat juxta caput novæ ecclesiæ; sed,
ante domni Lamberti translationem inde levatus
et in ecclesiam delatus, postea cum solemni processione in loco ubi modo requiescit honorifice
traditus est sepulturæ.

CAPITULUM XIX.

De translatione domni Petri Gaufridi.

De translatione autem domni Petri Gaufridi, quia quodammodo miraculose visa est contigisse, pauca duximus exprimenda. De ipso siquidem, quia ante quinquennio in crypta veteri cum cæteris patribus fuerat sepultus, dubitabatur utrum plene consumptus carnibus in novam cryptam transferri libere potuisset. Quod cum domnus abbas Robbertus, levato paulisper lapide quo monumentum desuper claudebatur, jussisset inquiri, et hoc utcumque posse fieri videretur, quadam die ante generalem patrum translationem, assumpto secum idem abbas priore claustri et duobus fratribus clericis, cum totidem laicis, summo mane accessit ad tumulum; ubi, ex toto lapide revoluto, postquam proceritas extensi et integri corporis cum vestibus nondum quidem putrefactis, sed tamen nigris ac decoloratis, apparuit, unus e fratribus clericis, fateor, vehementer exhorruit, adeo ut corpus illud se posse pertractare omnino diffideret, et ideo se illuc advenisse plurimum pœniteret. Verum, cum domnus abbas, assumpta parabola de his quæ nostris oculis videbamus, super contemptu hominis et superbia monitionem aliquam præmisisset, alter e fratribus clericis audacter accessit ad caput, et cum

illud attemptasset, quia carnes nullatenus con-
sumptæ, sed putrefactæ erant, illud facillime
abrupit a corpore, et in feretro juxta se posito
ac linteis obvoluto reposuit. Quod cum alter
aspiceret, accessit et ipse a parte pedum si forte
simili modo tibias posset abrumpere. Sed, cum
unam de tibiis attemptasset, non solum illa, sed
etiam altera, quia adhuc utræque vestibus stringebantur, et totum corpus a parte inferiori mira
celeritate se sustulit, ita quod in tollendo corpore
nulla difficultas penitus videretur. Quod cum
videntes miraremur pariter et lætaremur, frater
ille qui caput assumpserat subter scapulas manus
apposuit, et ita, unus a capite et alter a pedibus,
corpus integrum sine pondere et fetore levantes,
in feretro posuerunt. Quo statim a nobis in ecclesiam cum canticis delato, datoque ex more signo
ad fratres evigilandos, expleto missæ matutinalis
officio, post sacras exsequias, in crypta nova
cum honore et gaudio tumulariam meruit sepulturam.

CAPITULUM XX.

*Quod domnus abbas Robbertus, cum fratribus
communicato consilio, deliberavit ut patres
ante anniversarium de tumulis tollerentur.*

Itaque, cum crypta ipsa jam usque ad capitella

fuisset exstructa, et nec difficile nec inconveniens
videretur quin domnus Lambertus ac socii ejus
in ipso ejus anniversario transferrentur, imo id
omnibus interius exteriusque placeret, timens
domnus abbas ac cæteri fratres ne, si in ipsa die
anniversarii de veteribus tumulis levarentur, conventus a circumfuso populo propter videndos
sanctos patres violentiam vel oppressionem aliquam pateretur, salubre pariter consilium inie-
runt ut in vigilia anniversarii simpliciter et sine
tumultu de tumulis tollerentur.

CAPITULUM XXI.

De sepulchrorum apertione et fratrum processione.

Igitur in ipsa vigilia, cunctis sepulchrorum lapidibus revolutis, cunctisque murorum januis diligentissime obseratis, post nonam, dato signo, con-
venimus in ecclesiam, et inde cum domno Helia,
Burdegalense archiepiscopo, et domno Johanne,
Engolismense episcopo, et domno Robberto, abbate de Corona, abbate quoque Sancti Eparchii (1),

(1) *Ranulfus.*

et abbate Sancti Maxentii (1), et abbate de
Nantolio (2), et abbate de Cellafrui (alias Cella
Fruini) (3), cum cæteris ministris qui omnes
præibant in vestibus canditatis, venimus in cimiterium, et stetimus circa cryptam veterem
quæ tota ab oriente fuerat reserata; et ibi vidimus
et osculati sumus ossa sanctorum patrum, domni
videlicet Lamberti episcopi, domnique Fulcherii
et domni Junii abbatis, domni quoque Petri,
Engolismensis episcopi, qui fuit abbas Sancti
Amantii (alias Sancti Amandi) de Buxia, et domni
Theobaldi, Calabriæ archiepiscopi, qui fuit postea
monachus Clarevallensis et obiit in quadam domo
ordinis illius quæ erat in nemore de Buxia (4),
et inde a domno Lamberto episcopo ad Coronam allatus, in loco ubi crypta prior postea fuit
exstructa, ad caput scilicet prioris ecclesiæ, cum
debito honore et reverentia est sepultus, et inde
post cum cæteris translatus. Istos itaque sanctos
et venerabiles patres, quos in carne viventes
videre nequivimus, nunc ut vere credimus cum
Christo regnantes, et videre et palpare et osculari

(1) *Ademarus.*

(2) Forsan *Bernardus I.*

(3) *Petrus I.*

(4) Cette maison religieuse de la forêt de Boixe, où mourut l'archevêque
Théobald, qui y avait été envoyé par saint Bernard, fut cédée par l'abbé
de Clairvaux, en 1153, à l'abbaye de Saint-Amand-de-Boixe. Voir pour
plus de détails les pages 57 et 58 de notre édition de l'*Historia pontificum
et comitum Engolismensium* et la note F *des Notæ fusiores* que nous y avons
ajoutées.

atque colligere et circumferre, Deo donante, me-
ruimus. Quantum ibi fuerat lacrymarum, quam
dulces gemitus, quam devota suspiria, cogitandum
est, ut legitur, potiusquam dicendum. Nempe, cum
nulli ex nobis loqui liceret, non perstrepentia vo-
cum, sed dulcissimo lacrymarum atque gemituum
sonitu, totum cimiterium resonabat.

Nullus ibi secularium omnino interfuit, nisi
tantum Ugo de Sancto Maxentio, miles Nior-
tensis, qui, ut alii plures, causa instantis solem-
nitatis advenerat; et cum sancti patres levari de-
buissent, nescio qualiter utcumque præsentiens,
et furtim cappam laicalem assumens, ex affectu
nimio quo istam Ecclesiam diligebat, fratribus
laicis se latenter immiscuit, et ita, sicut ab ipso
audivimus, cuncta quæ ibi gerebantur aspexit.

CAPITULUM XXII.

De collectione sanctorum patrum et delatione in
ecclesiam.

Postquam igitur sancti pontifices et abbates qui
aderant veneranda ossa diligentissime collegerunt,
et singulorum singula in singulis feretris, quæ ob
hoc decenter fuerant præparata, cum pulvere qui

in monumentis inventus fuerat, reposuerunt, se-
niores de canonicis quibus in capitulo fuerat injunctum, bini et bini singula feretra humeris im-
ponentes, non subsequentibus, sed præcedentibus
sanctis funeribus, inde moventes venimus in ecclesiam, cantantes voce altissima *Credo quod re-
demptor meus vivit,* tinnulis signorum perstre-
pentibus ac thuribulis fumigantibus; et collocatis
illis seriatim! ante altare Beatæ Mariæ, expletaque
absolutione, vespertinas laudes et vigilias solemniter decantavimus. Inde matutinas vigilias per
totam noctem, id est a luce usque in lucem, pro-
traximus, divinas excubias cum magna devotione
et summa lætitia celebrantes, de Dei gratia sanctorumque patrum votiva præsentia totis animis
exsultantes.

CAPITULUM XXIII.

*De die anniversarii et de sacrorum funerum
exsequiis.*

In ipsa vero die anniversarii sive translationis,
ordinatis in capitulo quæ præsenti solemnitati con-
gruere videbantur, ac missa majori a prædicto
archiepisco celebriter decantata, induerunt se sa-

cris vestibus ii qui venerandis exsequiis ministra-
turi erant, vel sacra ossa ad tumulos delaturi;
inter quos et gratia præminebant idem domnus
Helias, Burdegalensis archiepiscopus, domnusque
Johannes, Engolismensis episcopus, et domnus
Robbertus, abbas de Corona, abbas Sancti Eparchii, abbas Sancti Amantii (1), abbas Sancti
Maxentii, abbas de Cellafrui, abbas de Grosso-
Bosco (2), abbas Baciacensis (alias Bassiacensis, vel
Bassacensis) (3), abbas Nantoliensis, abbas Bor-
netensis (4), abbas Masdionensis (5). Qui omnes,
cum ministris sibi deputatis, postquam se stolis
candidis induerunt, admissis in choro nobiscum
ante sedilia aliquibus religiosis et honestis personis,
accensisque luminaribus, urceis quoque ac thuribulis et cæteris omnibus necessariis diligentissime
præparatis, accedens domnus archiepiscopus,
aspergendo et fumigando, sacra funera tertio cir-
cuivit, ipsumque cæteri omnes quos enumeravi-
mus eodem modo cum decore et reverentia ac
pulcherrimo ordine sequebantur; ita ut non solum
ex defunctorum jocunda præsentia, sed etiam ex
vivorum dispositione ordinatissima, summa devotio et gaudium atque lætitia cunctis aspicientibus
augeretur, conventu interim resonante illo officio,

1) *Petrus III Litimundi de Sonavilla.*

(2) *Willelmus II.*

(3) *P.*, forsan *Petrus.*

(4) *A.*, forsan *Ademarus.*

(5).......

defunctorum exsequiis deputato, ut tam ex cantu fratrum quam ex pulsu signorum, quam etiam ex concursu atque frequentia convenientium populorum, totus locus de Corona quodammodo commoveri præ gaudio et exsultare in Dei laudibus videretur.

CAPITULUM XXIV.

De sepultura sanctorum patrum.

His itaque rite peractis, ipsi pontifices et abbates pias sarcinas suis humeris imposuerunt, illisque præeuntibus venimus in cimiterium cantando *In exitu Israel;* et, choris hinc inde ex more dispositis, illi cryptam novam ingressi sunt. Ibique per ordinem sanctos patres, cum magna devotione et debita reverentia, singulos in singulis sepulchris diligenter collocaverunt, statimque lapidibus suppositis ipsa sepulchra operiri fecerunt.

Quanta ibi convenerit multitudo populorum, procerum, nobilium, religiosorum, clericorum et laicorum, non est nostræ facultatis evolvere. Inter hæc cernere erat quomodo Ademarus, illustris-

simus comes Engolismensis (1), adjúnctis sibi
nobilibus, ostiarii assumpto officio, ipse illius
cryptæ aditum observabat; ipse cum virga per
cimiterium huc illucque discurrens, circumstantes
populos, ne fratribus se ingererent, virtute corporis et autoritate potestatis arcebat; ipse ad
omne promptus obsequium, et suæ quodammodo
nobilitatis oblitus, jam non se terrenum dominum,
sed servum Dei servorum, repræsentabat.

CAPITULUM XXV.

De generali absolutione post sepulturam et con-summatione totius officii.

Igitur sepulturæ expleto officio, et episcopis
atque abbatibus cæterisque ministris de crypta
egressis, impositoque responso *Credo quod re-demptor meus vivit,* fecerunt ex more circuitum
per totum cimiterium; et ita generali absolutione

---

(1) Adémar Taillefer, comte d'Angoulême de 1180 à 1218. Sa fille
Isabelle le fit inhumer à La Couronne (voir *Chap. XXXIX* de la présente
Chronique).

secuta, cum pastoribus nostris reversi sumus in
ecclesiam, glorificantes et laudantes Deum in omnibus quæ audieramus et videramus, sicut vere
dicere poteramus, quia vidimus mirabilia hodie.
Revera, in toto illo sacrarum exsequiarum obsequio, nulla ordinis dissolutio, nulla inconvenientia,
nullumve impedimentum apparuit; sed cuncta mo-
deste, pulchre et ordinatissime divino munere pro-
venerunt, ut ope misericordiæ Dei adjutis nobis merito proclamare liberet : *Benedictus Deus in donis
suis et sanctus in omnibus operibus suis.* Translati
sunt autem sancti patres nostri anno ab incarnatione Domini M. C. XC. VIII. idus junii (13° junii
1198).

CAPITULUM XXVI.

*De duobus electis Pictaviense et Petragoricense,
et de quibusdam aliis quæ subsecuta sunt.*

In præcedenti vero Adventu Domini (1197) con-
venerunt ad Ecclesiam de Corona, causa conse-
crationis suæ, Ademarus de Peirato, electus Pictaviensis, vir magnæ mansuetudinis, et Raimundus
de Castro Novo, electus Petragoricensis. Sed iste

quidem per manum supradicti archiepiscopi, et
(Johannis) Engolismensis et Xanctonensis (1) et
Caturcensis (2) episcoporum, ibi consecrationem
accepit; alter vero, propter inhibitionem et metum
Othonis, comitis Pictaviensis, consecrari non potuit; sed Romam profectus, atque a summo pontifice (3) consecratus, cum ad urbem propriam
repedaret, veneno vitam finivit (1198) (4).

In sequenti vero Quadragesima (1199) post patrum translationem, obiit magnificus rex Anglorum et dux Aquitanorum Richardus, apud castrum de Chasluz (5); et suscepit regnum ejus J.
(Johannes), frater suus, qui cum supradicto Ademaro, comite Engolismense, pacem inivit (6). Quod
utique non commemorassem, nisi, super his quæ
dicturus sum, laudem Domini vel ipsius justa ju-
dicia reticere timerem. Sequenti siquidem anno,

(1) *Henricus*.

(2) *Geraldus IV*, cognomento *Hector*.

(3) *Innocens III*.

(4) Cette vengeance occulte du prince Othon n'est dévoilée que par ce passage de notre Chronique, cité d'une manière infidèle et avec une fausse date par Besly (*Hist. des Comtes de Poictou*, Paris, 1647, in-fol., p. 92), mais exactement transcrit dans la *Gallia Christiana*, tom. II, col. 1181 et 1471. Othon de Brunswick, comte de Poitiers et duc d'Aquitaine, fut reconnu plus tard empereur d'Occident ou d'Allemagne.

(5) Richard-Cœur-de-Lion mourut, le 6 avril 1199, des suites d'un coup de flèche qu'il avait reçu le 26 mars devant le château de Chalus; Jean-Sans-Terre lui succéda. Richard n'avait laissé qu'un fils naturel, nommé Philippe, auquel il avait légué la seigneurie de Cognac.

(6) Cette paix entre Adémar et Jean-Sans-Terre ne fut pas de longue durée, comme on peut le voir quelques lignes plus bas.

qui erat annus Dominicæ Incarnationis M. CC. (1200), et, ut quidam dicebant, jubeleus (1), tanta immensitas vini et olei et omnis generis fructuum exuberavit, ut rarus aut nullus esset qui tantam copiam fructuum in partibus istis se unquam vidisse assereret. Certe, quocumque te verteres, videres regiones arboresque frugiferas fructibus onustas, quasi quoddam de se miraculum prætendentes; in tantum ut tam pro pace diu desiderata quæ, causa prædictæ pacis, jam credebatur adesse, quam pro rerum temporalium affluentia, iterum ipse Deus cum hominibus conversari quodammodo videretur. Sed quia non est inventus qui rediret (2) et daret gloriam Deo, vidit Dominus et displicuit ei, et avertit manum suam et dexteram suam de medio sinu suo, et ita accendit iram suam, ut pro pace quam sustinueramus veniret turbatio, maxime in tota Pictavia (3); ac circa finem sequentis martii (1201), primo arboribus ac vineis gelu exustis, exinde propter pluviarum inundationem, nec fruges colligi, nec utcumque collectæ po-

(1) Le premier jubilé séculaire ne fut célébré qu'en l'année 1300, en vertu d'une bulle donnée le huit des calendes de mars par le pape Boniface VIII, qui n'y prononce pas le mot de *jubilé;* mais le texte de notre Chronique prouve que depuis longtemps on donnait ce nom au renouvellement de chaque siècle. Toutefois la bulle se fonde sur le témoignage des anciens et commence par les mots *Antiquorum habet fida relatio.* (*Bullarium magnum Romanum*, tom. III, pars II, p. 94.)

(2) Luc, cap. XVII, v. 18.

(3) L'enlèvement d'Isabelle par Jean-Sans-Terre fut la cause de cette nouvelle guerre.

terant triturari. Qua de causa, in tantum fames inopinata in brevi invaluit, ut, etiam circa sequentem Nativitatem Domini, catervatim pauperibus huc illucque vagantibus, propter horrendam caritiem aut frumentum penitus non inveniretur (1), aut inventus utcumque sextarius, in ipso anno, super quinquaginta solidos venderetur. Sed jam pauca de pluribus prosecuti, ad propositum ordinem revertamur.

CAPITULUM XXVII.

De consummatione cryptæ et perfectione novæ ecclesiæ.

Igitur, sanctis patribus honorifice translatis, et crypta illa ex toto consummata, domnus R. (Robbertus) abbas, jam de præteritis Dei muneribus spem futurorum assumens, illam ultimam partem novæ ecclesiæ, quæ a parte australi perficienda remanserat, in sequenti anno ædificare incœpit, ad illud (2) summopere cum consilio fratrum suorum prudenter intendens, ut in die qua vetus ecclesia consecrata fuerat, nova ecclesia, Deo donante, dedicaretur.

(1) On lit *invenirentur* dans le Manuscrit.
(2) Le Manuscrit porte *ad illo*, peut-être adverbialement pour *adeo*.

CAPITULUM XXVIII.

De enuntiatione dedicationis et conventu populorum.

In millesimo itaque et ducentesimo primo anno Verbi Incarnati (1201), qui erat ab inchoatione novæ ecclesiæ tricesimus secundus, jam ipsa ecclesia per Dei gratiam consummata, et dedicationis die per adjacentes provincias denunciata, ipsa die adveniente, fit concursus innumeræ multitudinis utriusque sexus, diversæ ætatis, ordinis et conditionis. Accurrit populus Lemovicensis, Petragoricensis, Engolismensis, Xanctonensis, Burdegalensis; adest ipse domnus Helias, Burdegalensis archiepiscopus, domnus Johannes Engolismensis, domnus Johannes Lemovicensis, domnus Raimundus Petragoricensis, domnus Geraldus Caturcensis, abbas Sancti Eparchii, abbas Belli Loci (1), abbas Silvæ Majoris (2), abbas Baciacensis, abbas de Borneto (3), abbas Albæ Terræ (4), abbas de Guistres (5) aliique quamplures, sive archidiaconi, sive

(1) *Umbertus vel Imbertus.*
(2) *Petrus III.*
(3) *Raimundus I.*
(4) *Willelmus.*
(5) ....

decani, religiosi, nobiles, juvenes et virgines, senes cum junioribus, ita ut intus et extra cuncta perstreperent, cuncta hominibus redundarent, cum alios ad veniendum communis lætitia, alios singularis devotio provocaret. Nullus tamen, cujuscumque auctoritatis esset, claustrum vel officinas fratrum nisi rarissime admissus intravit; nec ipsa nobilissima comitissa Engolismensis (1), mater reginæ Anglorum junioris, nec ulla penitus mulierum, hoc aliquatenus potuit obtinere.

CAPITULUM XXIX.

Quomodo corpus dominicum et sanctorum reliquiæ in capellam dormitorii deportatæ sunt.

Quum vero sanctorum reliquiæ, sicut et cætera omnia, de ecclesia ex more tollendæ erant, domnus abbas, sicut in aliis dedicationibus fieri solet, noluit

---

(1) Alix de Courtenay, fille de Pierre Ier de Courtenay, septième et dernier fils du roi Louis-le-Gros. Mariée d'abord à Guillaume Ier, comte de Joigny, elle en avait été séparée pour cause de parenté, et avait épousé, en 1180, Adémar Taillefer, comte d'Angoulême. De ce mariage était née Isabelle, femme de Jean-Sans-Terre, qui est appelée ici *la jeune reine des Anglais*.

eas populis quasi venales ostendere; sed salubri
comperto consilio, in festivitate Sancti Michaelis
(29° septembris 1201), ordinatis super altare Beatæ
Mariæ sanctorum pignoribus, post sacra missarum
solemnia, domnus abbas casula exutus, et ministri
ac cæteri quibus fuit injunctum induti vestibus
albis, ipso abbate præveniente, accesserunt ad
altare, et pignora sanctorum sicut erant in thecis
reverenter assumpserunt, impositaque antiphona
Fulgebunt justi, subsequente conventu cum magna
devotione et multis lacrymis, corpus dominicum
sanctasque reliquias in capellam dormitorii detu-
lerunt, et super altare collocaverunt. In sequenti
vero nocte matutinas et in mane missam in capella
infirmorum decantavimus.

CAPITULUM XXX.

De dedicatione novæ ecclesiæ.

In ipso autem die quo ecclesia dedicanda erat,
post capitulum, pontifices cum suis ministris in
claustro infirmorum induti, accedentes ad ecclesiam, fecerunt exterius trinum ex more circuitum,
conventu in claustro interim residente. Cum vero
tertius circuitus ageretur, et adhuc ecclesia vacua
esset, egressi de claustro caute et ordinate per
ostium scalæ veteris interius, ingressi sumus in

ecclesiam, et stetimus circa altare Beatæ Mariæ. Post trinum vero circuitum januis patefactis, et incepta antiphona *Pax æterna,* ingressisque pontificibus ac ministris, tam innumerabilis populi multitudo secuta est, ut milites, qui cum virgis et fustibus præcedebant, irruentem populum a pontificum oppressione vix possent arcere; et nos, qui quasi in tuto consistere videbamur, nequaquam in pavimento stare permitteremur, sed in gradibus circa parietes conscendere cogeremur. Quippe tota ecclesia ita erat per medium populis constipata, ut, ab ipso altari usque ad murum exteriorem quo Corona ambiebatur, non nisi capita virorum ac mulierum aspiceres, et præ tumultu alter alterum etiam juxta se positum colloquentem vix posset audire, et domnus archiepiscopus qui dedicationis officium, etiam ultra vires corporis, strenue ministrabat, interiores circuitus præ nimia populi circumstantia vix posset explere.

CAPITULUM XXXI.

De consecratione majoris altaris (1).

Postquam autem ventum est ad consecrationem

---

(1) Le grand autel avait été commencé dès le 15 mai 1174, comme le témoigne l'inscription que nous avons relatée plus haut (voir la Note de la page 36).

altaris, consecravit illud idem archiepiscopus in
honore Dei et divinæ nostræ gloriosæ Dei genitricis Mariæ et sanctæ Crucis et sancti Johannis
Baptistæ, sanctorum apostolorum Petri et Pauli
atque Andreæ, sanctorum martyrum Stephani pro-
tomartyris et sancti Martini de Briva, sanctorum
confessorum Augustini et Leonardi, et sanctarum
virginum Katerinæ et Agnetis et omnium sanctorum Dei.

CAPITULUM XXXII.

De expletione dedicationis.

Nobis itaque præsentibus, solemnitate dedicationis expleta, et post refectionem nostram, populo
de ecclesia jam dilapso, vespertinas laudes in
eadem ecclesia solemniter decantavimus. Dedicata
est autem nova ecclesia de Corona, anno ab incarnatione Domini M. CC. I, in die dominica, pridie
kalendas octobris (3o° septembris 1201), per manum supradictorum pontificum, sub sancto et reve-
rentissimo Innocentio papa III, Philippo in Francia
et Johanne in Anglia regnantibus.

CAPITULUM XXXIII.

De relatione dominici corporis et sanctarum reliquiarum a capella dormitorii in novam ecclesiam.

In crastinum autem domnus Johannes, Engolismensis episcopus, et domnus R. (Robbertus), abbas de Corona, post capitulum, stolis candidis dealbati cum cæteris ministris, in capellam dormitorii ascenderunt; et inde, sanctorum pignora deferentes, atque in porticu claustri ante capitulum a conventu excepti, nobis subsequentibus, et responsum *Laudem dicite Deo nostro* voce altissima resonantibus, novam nuptam sponsam Agni, id est domum Dei quam decet sanctitudo, ecclesiam scilicet noviter dedicatam, cum laudibus ac venerandis exeniis intraverunt; et, conventu circa altare disposito, corpus dominicum sanctasque reliquias, veluti nova ac pretiosissima genera ferculorum, pulchro ordine super mensam dominicam posuerunt.

CAPITULUM XXXIV.

De consecratione altaris Virginum (et altaris Confessorum).

In sequenti vero sabbato, infra octabas (6° octobris 1201), consecratum est altare ultimum quod est a parte australi, per manum domni Geraldi, Caturcensis episcopi, in honore Dei et sanctæ matris ejus, et sanctæ Mariæ Magdalenæ et omnium virginum Christi, et omnium sanctorum. Titulus est ad altare Virginum (vel Beatæ Virginis Mariæ).

De altari Confessorum. Postea consecratum est altare ultimum quod est a parte Aquilonis, per manum domni Johannis, Engolismensis episcopi, in honore Dei et beatæ Mariæ, et sanctorum confessorum Augustini, Martini, Nicolai, et omnium confessorum, et omnium sanctorum. Titulus est ad altare Sancti Augustini (vel Confessorum).

CAPITULUM XXXV.

De expensis ac cæteris quæ circa eamdem festivitatem dedicationis, Dei gratia, provenerunt.

Verum cum, descriptæ dedicationis gratia, multa

hominum millia ad ecclesiam de Corona confluxe-
rint, si quis forte de expensis faciat quæstionem,
præsertim cum, sicut supra retulimus, magna fames et inopinata carities regionibus istis vehementer incumberet, noverit quod tantam Dominus
suæ gratiæ contulit largitatem, ut, dicto domno
abbate procurante et providente, pisces et cætera
necessaria ad cibum copiosissime et affluenter af-
fuerint, in tantum ut, per totum triduum, velut ad
nuptias invitati, alii intrantes, alii egredientes, domum hospitum a mane usque in vesperum convi-
vantes implerent, et insuper per totam fere ebdomadam totus conventus de his quæ remanserant
refectionem sufficienter haberet.

CAPITULUM XXXVI.

De secunda eclipsi solis et de adventu dominæ
Ducissæ et duorum Regum.

In subsequenti mense novembrio, facta est eclipsis
solis, V kalendas decembris (27° novembris 1201),
circa horam diei tertiam, et videbamus solem a
parte inferiori, sicut credimus, lunari circulo coo-
pertum, a parte vero superiori, velut in modum

novæ lunæ, partem solis aliquam remansisse (1)
Non fuit autem ista eclipsis ita terribilis sicut illa
quam supra descripsimus, quia ex oppositione
novæ lunæ dicitur accidisse, licet defectum pacis
et justitiæ bonorumque temporalium, sicut ipsa res
indicabat, significare quodammodo videretur.

Pridie vero ante prædictam eclipsin, venit ad
locum istum sancta et venerabilis Christi ancilla,
dilectissima nostra Ala (2), sanctimonialis Fontis
Ebraudi, quæ fuerat nobilissima ducissa Borbonii
et neptis karissimæ dominæ nostræ Margaritæ.
Cum enim audisset prædicta Ala quod dedicationis
occasione etiam mulieres haberent in novam ecclesiam intrandi licentiam, et terminum qui ad hoc
præfixus fuerat in proximo comperisset finire
debere, suæ quodammodo imbecillitatis oblita, nec
considerans viarum pericula, quæ glaciali frigore
stringebantur, ex nimia caritate qua istam Ecclesiam diligebat, non tam causa videndi ædificium
novæ ecclesiæ quam fratrum gratia visendorum,

(1) Cette éclipse est ainsi notée, dans la *Chronologie des Eclipses*, dressée
par Pingré pour l'*Art de vérifier les dates* : 27 nov. à 11 et d. m. Eur. Afr.
As. à l'O. centr. 50 (29) 28-37, A.

(2) Il est ici question d'Alix de Bourgogne, seconde fille d'Eudes II,
duc de Bourgogne, et de Marie de Champagne. Elle avait épousé Archambauld VII, duc de Bourbon. Devenue veuve en 1169, elle se fit religieuse
à Fontevrault, où elle mourut après y avoir demeuré trente-six ans, et où
elle avait fait bâtir la chapelle sépulcrale du cimetière. C'est par erreur que
des catalogues sans autorité la font succéder en qualité d'abbesse à Marie
de Champagne, sa mère, qui s'était aussi retirée à Fontevrault, après la
mort de son mari (voir *Gal. Christ.*, tom. II, col. 1320).
Alix de Bourgogne était nièce bretonne de Marguerite de Turenne,

ad locum istum cum multo comitatu, non sine gravi discrimine et labore, accessit, et quod diu desideraverat obtinere promeruit.

Post subsequentem etiam Purificationem beatæ Mariæ, supra memoratus Ademarus, comes Engolismensis, adduxit ad Ecclesiam istam Johannem, regem Anglorum, generum suum, gratia visitationis et devotionis. Qui rex habebat in comitatu suo regem Navarræ (1), et sæpe dictum archiepiscopum Burdegalensem (2), nec non et Engolismensem (3) et Xanctonensem (4) et Aquensem (5) et Pampilonensem (6) episcopos, et quamplures alios, tam vicecomites quam barones et milites, cum innumera sequentium multitudine. Itaque ad

fille de Raymond I, vicomte de Turenne, laquelle avait épousé en troisièmes noces Guillaume IV Taillefer, comte d'Angoulême, père de cet Adémar dont il est parlé plusieurs fois dans le courant de notre publication.

Ce passage de notre Chronique a été inséré textuellement par André Duchesne dans le chapitre V de son *Histoire des Rois, Ducs et Comtes de Bourgogne* (Paris, 1619 et 1628, 2 vol. in-4°), et, d'après lui, par Christophe Justel dans les preuves de son *Histoire généalogique de la Maison de Turenne* (Paris, 1645, in-fol.); il est aussi mentionné par les frères Scévole et Louis de Saincte-Marthe dans le tome second de leur *Histoire généalogique de la Maison de France* (Paris, 1647, 2 vol. in-fol.), et dans le tome troisième de l'*Histoire généalogique et chronologique*, du P. Anselme (Paris, 1726-33, 9 vol. in-fol.).

(1) *Sancius VII.*

(2) *Helias I.*

(3) *Johannes de Sancto Valio.*

(4) *Henricus.*

(5) ....

(6) ....

ostium ecclesiæ dictus rex cum solemni processione exceptus est; deinde ambo reges capitulum intraverunt, et sic percepto spiritali et corporali beneficio recesserunt.

CAPITULUM XXXVII.

De obitu domni Johannis, Engolismensis episcopi.

Quamvis in fronte narrationis istius usque ad secundam eclipsin solis ordinem historicum nos prosecuturos fore dixerimus, tamen quia Deo donante superviximus, etiam alia quædam quæ necessaria videbantur duximus annotanda (1)

Cum ergo domnus Johannes, Engolismensis episcopus, de quo supra meminimus, primo in Ecclesia de Corona per VII annos abbas, et postea in Engolismensi Ecclesia per XXIII annos episcopus, pontificali kathedræ præfuisset, et vita ac moribus venerabilis extitisset, ultima apud Varnum (2) infirmitate

---

(1) Ce passage nous prouve que la présente Chronique est jusqu'ici et au delà l'ouvrage d'un seul et même auteur. Nous en possédions déjà un témoignage infaillible dans l'uniformité de l'écriture du Manuscrit, qui ne cesse d'être la même qu'à la fin du premier *alinéa* du Chapitre XXXIX.

(2) La terre de Vars, qui avait appartenu antérieurement au chapitre de la cathédrale d'Angoulême, faisait dès lors partie des biens de l'évêché,

correptus , delatus est per Carantonem ad urbem
Engolismam, ibique occursu populorum exceptus,
urbemque et populum benedicens, ad Ecclesiam de
Corona pertransiit; ubi infirmitate crescente ad extrema perductus, atque a domno Robberto abbate,
conventu astante, inunctus, non multo post in præsentia fratrum reddidit spiritum. Sicque perlatus in
ecclesiam, ibique, ex more defunctorum episcoporum, per triduum honorabiliter jacens in lecto,
plurimisque luminaribus et psalmodiis ac missis atque vigiliis frequentatus, tandem accurrentibus canonicis Engolismensibus, aliisque quamplurimis diversæ ætatis, conditionis et ordinis, venerandisque
exeniis solemniter ac devote exhibitis, in cryptam
novam cum prædecessoribus suis, in sarcofago
novæ ecclesiæ contiguo a parte Aquilonis, anno ab
incarnatione Domini M. CC. III (7° martii 1203) (1),

par suite du partage opéré en 1120 entre les chanoines et l'évêque Girard II. Ce prélat y avait construit une maison, entourée de retranche-
ments, et en avait considérablement augmenté les revenus et les dépendances.
« Curtim Varuci (alias Varni) in decima, in agricultura et aliis redditibus, augmentavit; aulam Varuci ædificavit muris, vallo ædificatam roboravit. » (Voir
Hist. pontif. et comit. Engol., tom. II Novæ Biblioth. manusc. libr. Ph. Labbe,
p. 261, et notre édition, p. 51.) La terre et le château de Vars étaient encore dans la possession des évêques d'Angoulême à l'époque de la révolution.

(1) La chronologie de notre historien est ici évidemment en contradiction
avec elle-même. Il nous a dit plus haut (Chap. XII) que Jean de Saint-Val
avait succédé à Junius en qualité d'abbé de La Couronne, en 1178, que peu
de temps après (non multo post) il avait été promu à l'épiscopat, et il le fait
ici mourir en 1203 ; ce qui n'embrasse qu'un espace de vingt-cinq ans. Il
se trompe donc en ajoutant (pag. 72) que Jean avait été abbé pendant sept
ans et évêque pendant vingt-trois, calcul qui nous donnerait un total de

condigno honore sepultus est. Ubi considerandum quanta eum Dominus dilectione et benedictione prævenerit, qui eum de medio tantæ iniquitatis quæ subsecuta est dignanter eripuit; nam referri vix potest quantæ miseriæ et tribulationes ac bella regiones istas, post obitum ejus, per longum tempus oppresserunt.

CAPITULUM XXXVIII.

De obitu domni Robberti abbatis.

Nunc de transitu domni Robberti abbatis breviter subnectendum. Qui cum esset de priore in abbatem communi electione promotus, et sub ejus regimine per XVI annos plurima bona, tam in ædificiis quam in rebus aliis, isti Ecclesiæ provenissent, ipse tamen infra id temporis diversas et infinitas mundi procellas ac turbines sustinens, numquam tamen, ut de Tobia legitur, veritatis viam adhærens Christo deseruit. Quoniam semper

---

trente ans. Il fallait dire qu'il avait été abbé quatre ans au plus, et évêque vingt et un ans.

Jean de Saint-Val était moine de La Couronne depuis l'an 1172 lorsqu'il en fut nommé abbé en 1178, et il occupa le siége épiscopal d'Angoulême de 1182 à 1203.

erat circa obsequia divina devotus, statura et
aspectu venerabilis, vultu gravis, suavis eloquio,
maturus incessu, victus atque vestitus et lectuli
vilitate contentus; ita providus in sermone, ut de
ore ipsius nunquam levis, sive lascivus, vel ad
secularitatem pertinens, sermo, ut assolet, audi-
retur; ita lectioni semper intendens, ut etiam in
equitando librum de manibus vix omnino desereret;
et ita erat in omni vita et conversatione compo-
situs, ut aspicientibus exemplum, decus patriæ, et
flos religionis ac totius honestatis in partibus istis,
omnium testimonio probaretur.

Anno autem promotionis suæ septimo decimo,
cum a domno Innocentio papa tertio sermo fuisset
egressus, ut in expeditione Christianorum contra
hæreticos a personis ecclesiasticis decimæ exige-
rentur, et ista descriptio sive legatio domno Cister-
ciensi abbati primo (1) commissa fuisset, præfatus
domnus R. (Robbertus) abbas, ne de rebus vel pertinentiis Ecclesiæ de Corona decimas exsolvere
cogeretur, quoniam id propter tot minutias salva
conscientia omnino impossibile videbatur, de consilio domni W. (Willelmi), Engolismensis episcopi,
qui dicto domno Johanni successerat, aliorumque
prudentum virorum, Cistercium adire decrevit.
Itaque filiis et fratribus suis de Corona valefaciens,
cum duobus fratribus iter arripuit, habens etiam
in comitatu suo domnum abbatem de Grosso

---

(1) *Arnaldus I.* Cet abbé de Cîteaux avait été chargé, par le pape Innocent III, de lever les subsides nécessaires à la croisade dirigée contre les
Albigeois

Boscho (1) et socios ejus, qui ad Cisterciense capitulum quod imminebat cum cæteris ejusdem ordinis properabant. Transeuntes itaque per Pictaviam et Turonicum, Parisiis devenerunt, ibique a domno Philippo (Augusto), rege Francorum, pro Ecclesia de Corona litteris protectionis acceptis, ultra progredientes et cœptum iter agentes, post aliquot dies ad quandam abbatiam Cisterciensis ordinis, quæ vocatur Pruliacum (2), hospitandi gratia, diverterunt. Ubi cum liberaliter et honorifice excepti fuissent, subsequenti nocte domnus abbas de Corona quibusdam punctis interioribus cœpit primo vehementer urgeri, deinde febris acutæ calore fatigari. Igitur cum ibi per XV dies, scilicet usque ad exitum suum de corpore, eadem infirmitate detineretur, dici non potest quanta dulcedine et benignitate atque munificentia venerabilis abbas et monachi loci illius, omnes et singuli, domno abbati de Corona assidue ministrabant. Crescente itaque infirmitate, per peccatorum confessionem et sacræ Eucharistiæ perceptionem, vitæ suæ residuum assidue præmuniebat, quousque secundum Ecclesiæ formam extrema unctione potitus, tandem inter sacrum illud collegium monachorum et inter manus fratrum qui cum ipso venerant, optato et placidissimo fine quievit in pace (18° septembris 1210), et sic sequenti die in capitulo cum abbatibus honori-

(1) *Willelmus II.*

(2) *Pruliacum*, Prully ou Preuilly, abbaye de l'ordre de Cîteaux, située près de Provins, dans le diocèse de Sens. Il y avait une autre abbaye de ce nom, de l'ordre de Saint-Benoît, dans le diocèse de Tours.

ficentissimam meruit sepulturam. Verum, si quis
rei seriem plenius scire desiderat, in litteris abbatis
et capituli Pruliacensis, quas priori et conventui
de Corona post ejus obitum transmiserunt et quæ
in kalendario pro memoria retinentur, hoc copio-
sius scriptum inveniet. Quæ litteræ cum a quodam
de clientibus, qui a sociis domni abbatis præmis-
sus fuerat, jam conventu in dormitorio post com-
pletorium collocato, allatæ fuissent, statim a priore
fratribus in capitulo convocatis, et litteris promul-
gatis, quantæ ibi lacrymæ, quanti gemitus, quanti-
que singultus intus et foris exstiterint cogitandum
est potius quam dicendum.

CAPITULUM XXXIX.

De domno Ademaro, abbate.

Successit autem nominato piæ memoriæ domno
R. (Robberto) abbati domnus Ademarus, tunc
prior de Corona, natus de territorio Petragoricensi, quondam canonicus Albæ Terræ, cujus quidem vita, quamvis in multis experta et idonea videretur, tamen, si a nobis sub ipso degentibus per

singula commendaretur, id fortasse nonnulli adu-
lationi.potius quam veritati ascriberent (1).

. Sed, eodem jam sublato de medio, cum adulatio
locum non habeat, nec aliquid possit a detracto-
ribus oblatrari, ipsum laudare post mortem; glorificare post triumphum licite et merito possumus
et debemus. Fuit siquidem vir vitæ venerabilis,
religionis et castitatis, et in se executor et in aliis
amator mirabilis, probitatis non modicæ, sufficientis litteraturæ; orationi atque lectioni devote
vacabat, et libentius intendebat, cum tamen a
cunctis exterioribus sibi aliquantulum respirare
liceret.

Quanta autem beneficia, tam in spiritalibus quam
temporalibus, ipso præsidente, contulerit divina
bonitas isti Ecclesiæ, nolumus nec debemus sub
silentio pertransire. Cum tamen per singula non
esset facile ad scribendum, de majoribus et evi-
dentioribus faciamus aliquam mentionem, cum nec
ipsemet quæ facta fuerant suæ virtuti vel provi-

(1) C'est ici que s'arrête le premier auteur de notre Chronique. Il nous
annonce dans les préliminaires qu'il la conduira jusqu'à la seconde éclipse
de soleil ; ce qui prouve qu'il l'a commencée peu de temps après ce phéno-
mène céleste. Il vit encore à l'époque de la mort de l'évêque Jean de Saint-
Val, où il nous dit qu'il va continuer son récit ; et en effet l'écriture de
l'ouvrage conserve son uniformité jusqu'au mot *ascriberent.* Mais, comme
elle change subitement à la ligne suivante (c'est-à-dire à la septième du
verso du vingt-neuvième feuillet du Manuscrit), où il est question du décès
de l'abbé Adémar, il est évident que c'est un autre auteur qui prend la
plume. Notre premier chroniqueur a donc écrit entre le 27 novembre 1201,
date de la seconde éclipse de soleil, et le 20 octobre 1223, date de la mort
d'Adémar. Rien du reste ne nous fait connaître son nom ; mais nous savons,
à n'en pas douter, qu'il était moine à La Couronne.

dentiæ, sed magis divinæ, attribueret, ut oportet.
Dormitorium autem perfectum fuit in suo tempore, claustrum pro majori parte consummatum,
ductus aquæ innovatus et melioratus. In ecclesia
vero, circa majus altare, candelabra et illa tam
decens ycona beatissimæ virginis Mariæ, et illud
tam præclarum opus in quo ille thesaurus deside-
rabilis victoriossimæ crucis Domini, oblatus quondam huic ecclesiæ a nobili viro Aimerico Bruni (1),
qui eum in quodam bello Sarracenorum miraculose lucratus est, tam decentissime conservatur (2),
verum chori etiam tam clericorum quam laicorum,

(1) Cet Aimeric de Brun ou le Brun (*Aimericus Bruni* vel *Brunus*) est
bien certainement le même qui, vers la fin de 1179, avait fondé certain
monastère qu'il mit sous la dépendance des moines de La Couronne. « *His
diebus, Aimericus Brunus cœnobium, quod vocatur ad Altas Valles, construens,
comparatis terris quæ sufficerent XIII fratribus cum totidem famulis, canonicis (pro monachis) tradidit de Corona. Hujus rogatu, comes R. castrum
quod vocabatur Trasdos, nomine mutato, Monberon* (Montbrun) *vocitavit.* »
(Voir *Chron. Gaufredi prioris Vosiensis*, tom. II *Novæ Biblioth. manusc.
libr.* Ph. Labbe, p. 325, et tom. XII *Rerum Gallic. script.*, p. 447.)

Il s'agit ici d'un prieuré nommé tour à tour d'Haultevaux, d'Haultavaux,
d'Autevaux ou d'Atavaux, et situé en Limousin, dans la paroisse de Saint-
Sulpice de Dournazac, près du château de Montbrun (*Mons Bruni*). Mentionnons la charte relative à la fondation de ce prieuré, donnée par Jean III,
dit *aux blanches mains*, évêque de Poitiers et légat du Saint-Siége, l'an 1180,
en présence des évêques Pierre Ier d'Angoulême, Pierre II de Périgueux, Adémar de Bayonne, et de plusieurs autres ecclésiastiques, réunis au Peyrat (*ad
Peiratum*) pour y traiter d'affaires importantes, d'après l'ordre d'Alexandre III
(*tractaturi negotia a domno Alexandro papa tertio nobis injuncta*). Cette donation d'Aimeric le Brun fut confirmée par une bulle du même pape, *III Kal.
Martii* (H. 433).

(2) Ce passage a été reproduit en *fac-simile*, depuis les mots *in quo*
jusqu'au mot *conservatur*. (Voir la planche placée en tête de cette Chronique.)

omnia ista et etiam quædam alia, tam præclaro
ope peracta sunt, ut magis et fide oculata quam
scripto valeant emendari. Ad opus tamen cande-
labrorum et aliorum quorumdam ornamentorum
altaris domnus G. (Galhardus) (1), quondam episcopus Vasatentis; ad opus vero chori clericorum
domnus Vitalis, quondam abbas Apamiarum (2);
ad consummationem siquidem claustri a parte
occidentali domnus Iterius Maurelli, quondam canonicus Xanctonensis et Engolismensis, sollicitudine propria et expensis non modicis specialius
laborarunt, qui omnes, per Dei gratiam fratres
effecti, in suo tempore, accesserant ad Coronam.

Capella etiam quæ est ad januas ecclesiæ, ipsius
tempore fabricata est in honore beatissimi Nicholaï,
in expensis tamen dominæ Ysabellæ, reginæ Angliæ, comitissæ Engolismensis et Marchiæ (3), quæ

(1) L'évêque Gaillard (*Gaillardus* vel *Galhardus I de Mota*), qui avait
occupé le siége de Bazas depuis 1186, s'était fait moine à La Couronne
entre 1213 et 1220. On lit dans la *Gallia Christiana* (tom. I, col. 1199) :
« *In fastis Ecclesiæ Vasatensis liber est* Rubeus, *ad cujus marginem adscrip-*
tum legitur Gaillardum hunc episcopum, abdicato episcopatu, monachum in-
duisse in monasterio Coronæ, diœcesis Lemovicensis (legendum *Engolismensis*),
ubi cum opinione sanctitatis efflavit animam idibus julii (melius *VI idus julii*),
ex Silvæ Majoris necrologio. » L'année du décès n'y est pas marquée ; mais
nous avons déjà vu, dans les préliminaires de notre Chronique, que Gaillard
mourut à La Couronne, le 10 juillet 1235.

(2) *Apamiæ,* — *arum*, Pamiers.

(3) Cette chapelle sépulcrale fut en effet construite par Isabelle Taillefer ; mais elle avait été fondée par Adémar, puisque des lettres, que nous
n'avons point vues, citées par Antoine Boutroys (*Ms.* n° 7, fol. 57 *verso*
et suiv.), le constatent, et disent que, « afin que l'abbé et les frères prient
« Dieu pour son âme et celle de ses prédécesseurs, il leur donne quinze
« livres de rente, qui se payeront annuellement sur le Menage (*sic*) d'An-

in eadem capella patrem suum domnum Adema-
rum, comitem Engolismensem, quondam amicum
specialem istius Ecclesiæ, per manus venerabilium
patrum domni Heliæ Xanctonensis et domni Willelmi Engolismensis et domni R. (Ramnulphi) Petragoricensis episcoporum, emendis pro eodem
factis XIIII. M. solidorum, fecit honorifice sepeliri.
Ad visitandam vero Romanam curiam, ad commune Concilium (1) quod suo tempore celebratum
est, in persona propria laboravit.

De acquisitis vero exterioribus a Deo collatis huic
Ecclesiæ, si narrare vellemus per singula, nobis
schedula non sufficeret ad scribendum; sed cum pro
acquisitis de Charraces (2) et aliis quibusdam etiam

« goulesme. » Il ne reste plus rien de cette chapelle, où furent inhumés le
comte Adémar, la comtesse-reine Isabelle et l'un des enfants de cette princesse nommé Wlgrin, mort en bas âge.

Il y a du doute pour le tombeau d'Isabelle. Corlieu dit bien qu'on voyait
encore cette sépulture de son temps (1576) à La Couronne, et Antoine
Boutroys raconte que, la chapelle Saint-Nicolas ayant été ruinée par les
protestants, le corps et la tombe de la comtesse-reine furent transportés
par l'abbé Jean Callueau dans la grande église, le 22 décembre 1581, de 8
à 9 h. du matin, et placés dans une fosse entre le grand autel et le tombeau
de Lambert; mais Matthieu Paris, historien contemporain, un ancien né-
crologe, et plusieurs écrivains dignes de foi, affirment de leur côté qu'Isabelle se retira à Fontevrault et fut enterrée dans ce monastère. Nous ne dé-
ciderons rien pour le moment sur cette question; nous ajouterons seulement,
à titre de renseignement, qu'une autre Isabelle de la Marche et d'Angoulême, fille de Hugues III (XII), fut aussi religieuse à Fontevrault : on aura
probablement confondu les deux princesses. Voir aussi la note de la
page 94.

(1) Concile général (XII) de Latran (IV), tenu à Rome, dans le mois de
novembre 1215, pour le recouvrement de la Terre-Sainte et la réforme de
l'Église.

(2) Ce nom de lieu ne nous est pas bien connu; mais nous trouvons que,
par une charte de l'année 1170, *Helias de Borziaco* donne à l'abbaye de La

hinc et inde ingentes pecunias mutuasset, super tantis debitis ista Ecclesia aliquantulum gravabatur. In aliis siquidem, tam spiritalibus quam temporalibus, et maxime personis venerabilibus, et victu, etiam et vestitu mediocri, et fama celebri, satis erat sufficiens et ornata.

Igitur cum fere per XIIII annos domnus Ademarus huic Ecclesiæ præfuisset, et omnia sub ipso essent in pace, tamen aliquantulum a creditoribus vexaretur, affectans eisdem satisfacere si posset, quamvis propter frequentes infirmitates suas debilitatus esset plurimum, et laboribus continuis et senio etiam fatigatus, communia cum propriis secundum quod Augustinus præcipit componens, iter pro acquirenda pecunia ad solvendum creditoribus arripuit ad Rupellam; sed cum devenisset ad villam Sancti Johannis Angeliacensis, ibidem mansit per unam noctem. In crastinum vero, post confabulationem diutinam cum domno W. (Willelmo), venerabili Burdegalensi archiepiscopo, habitam, qui tunc præsens erat, cœpit acrius solito morbo fatigari. Invalescente vero ægritudine, cum ipse bene præcognosceret finem suum, perceptionem Eucharistiæ et sacramentum unctionis extremæ devote atque humiliter postulavit; quod totum, per manum domni tunc abbatis Sancti Johannis Angeliacensis (1), profunda etiam nocte, prompte ac liberaliter

---

Couronne ce qu'il possède *in toto Carraceso;* on lit aussi *in Charraceso et in parrochia de Diraco,* dans une charte de l'année 1231 de Jean II, évêque d'Angoulême (H. 463). S'agit-il ici de lieux situés dans le pays de Charras *(Charrassium),* ou des propriétés de l'abbaye arrosées par le Charreau ?

. (1) *Gaufridus IV de S. Hastino.*

propitiatum est et oblatum. Quibus ex more peractis, dictus abbas et qui cum eo venerant recedentes poscebant instantissime ut domnus Ademarus in eorum ecclesiam eligeret sepulturam; quod ipse omnino renuens inter patres et fratres suos in Corona quærebat omnimode sepeliri. Inde ad extrema deductus, sine adjutorio alicujus proprias manus supra pectus suum in modum crucis protendens, jam mane facto, XIII kalendas novembris (20° octobris 1223), cum compunctione præmaxima intus et exterius, inspicientibus cunctis qui aderant, extremum spiritum exhalavit. Tum denique accedens præfatus domnus archiepiscopus, commendatione jam facta, corpus ipsius jussit deferri in Coronam citius, ipsum deducens extra villam fere per unam leucam, cum præfato abbate ipsius villæ, cum multorum etiam consortio tam clericorum quam laicorum, quorum quidam ab ipso corpore non recesserunt quousque delatum est in Coronam, obviantibus tamen sibi prius domno Helia Seguini, tunc majore priore, et multis aliis fratribus de Corona, nec non et populorum hinc inde multitudine (1) copiosa. Cumque depositum prius esset in capella beatissimi Nicholai, post unius missæ celebrationem obviante conventu cum processione ante januas majoris ecclesiæ ubi opperiebatur, perlatum est in choro clericorum, et hoc piis lacrymis permixtum interfusis, fratribus de conventu statim missas hinc inde celebrantibus tam in majori ecclesia quam capellis. Demum vero, adveniente domno

_____

(1) Il y a *multitutine* dans le Manuscrit.

11

Willelmo, venerabili Engolismensi episcopo, cui fuerat nuntiatum, missamque majorem solempniter celebrante, venerandisque exsequiis ex more peractis, delatum est in cimiterio, et inter prædecessores suos in nova crypta sepultum in sarcophago quod est contiguum domni Johannis, quondam Engolismensis episcopi, sepulturæ; divinæ pietati commendantibus ipsius animam forinsecus universali conventu, intrinsecus vero jam dicto domno W. (Willelmo), Engolismensi episcopo, et domno abbate sancti Eparchii (1); et quoque domno Vitali, qui eodem die, communi conniventia et consensu capituli de Corona, in abbatem electus, et jam etiam a domno W. (Willelmo), Engolismensi episcopo, confirmatus, curam et regimen susceperat abbatiæ.

———

CAPITULUM XL (2).

De domno Vitali, abbate.

Vir siquidem vitæ venerabilis omnique morum honestate præditus, sufficientis admodum littera-

(1) *Ademarus.*

(2) Ici commence la troisième écriture gothique, à partir de la première ligne du *recto* du trente-deuxième feuillet du Manuscrit.

turæ subtilisque ingenii; sed quia tardiloquus erat,
quod est virtus maxima, scriptum quippe, esse nove-
rat, quod *in multiloquio peccatum non deerit* (1),
ideoque observabat quo tempore deberet proferre
sermonem, quidam illum dicebant indoctum et sine
litteris, virtutem in vitium transferentes. Hujus
gesta, quia a puero non didici, quæ vidi oculis pauca
interserens, quæ norunt plurimi, tradere curavi
memoriæ posterorum. Hic siquidem nominatissimi
monasterii Beati Antonini martyris de Apamiis
olim pater exstitit; ubi quam pie, quam sobrie vixerit, quanta diligentia pastoris officium exercuerit,
quanta virtute animi hostes catholicæ fidei expug-
naverit, quia brevi sermone concludi non potest, sub
silentio prætereo, ne velle videar adulari; licet,
eodem sublato de medio, adulatio hic locum non
habeat, et quæ vivo parcere noluit lingua trisulcis (2) oblatrare defuncti laudibus jam non immeri·o
erubescat. Laudare siquidem post mortem est lici-
tum, et post triumphum glorificare possumus merito
et debemus.

Igitur cum prædictus vir apud Apamias divitias
affluere mundumque sibi arridere cerneret, me-
tuens ne malitia ejus mutaret animum, rerumque
affluentia ei salutis fieret dispendium, salubri usus
consilio, optimam partem cum Maria elegit, malens
sedendo ad pedes domini lucrari cœlestia quam
terrena agendo negotia cum divite in inferno sepeliri. Pastoris ergo honore, imo ut verius dicam,

(1) PROV., *cap. X, v.* 19.
(2) Probablement *trisulcis, is, e,* pour *trisulcus, a, um.*

onere deposito, fama et religionis odore hujus trac-
tus Ecclesiæ, nostræ voluit et petiit particeps fieri
paupertatis. Quo adepto, ut in brevi concludam
plurima, omnibus religionis factus est speculum,
ita ut etiam tepidos ad fervorem ejus conversatio
incitaret. Itaque inter nos sine querela conversatus
per dies aliquot et de die in diem proficiens in melius, cum claustri cæterorumque ædificiorum, amplius vero domus Domini, pulchritudinem mirare-
tur, innumerisque attolleret laudibus, solius chori
turpitudinem valde abhorruit, eumque cæteris ædificiis esse dissimilem, indignum judicavit. Data igitur sibi a majoribus exeundi intrandique licentia,
quod diu mente latuerat protulit in publicum ; de-
structoque illo choro veteri indignoque memoria,
istum cui nullus aut rarus est similis, pauper licet
pecunia, dives tamen animo, cœpit feliciter, felicius-
que consummavit, solo Dei auxilio eleemosynisque
pauperum sustentatus. Quo peracto, cum lectrico
quod illi satis congruit, candelabra quoque, et cor-
tinas, cæteraque quæ ad altaris ornatum pertinent,
non minori diligentia præparavit. Eodem quoque
tempore factus est, haud dubium quin ejus consilio
et auxilio, et chorus laicorum. In ædificanda capella reginæ (1), per quam Deus tot et tanta bona
huic Ecclesiæ contulit et confert assidue, quantum
vir iste laborem impenderit, a primo lapide usque
ad ultimum, solus scit Deus qui novit omnia. Nemo
enim, dum vixit, reginæ illo familiarior exstitit, utpote cum quo regina loqui de salute animæ, et cui

(1) La chapelle bâtie par la comtesse reine. Voir plus haut, p. 80.

secreta sua solita fuerat revelare (1). Hujus etiam salubri actum est consilio, ejusque hoc adinvenit solertia, ut, quod nunquam antea factum fuerat, ab exterioribus domibus huic Ecclesiæ certa frumenti pensio annuatim solveretur. Hujus quoque viri benignitas et notitia multos potentes hujus Ecclesiæ familiares effecerat et amicos : præcipue domnum Tarraconensem archiepiscopum (2), qui, ob pristinam hujus viri amicitiam, multa huic Ecclesiæ miserat exenia, missurusque erat ampliora in posterum, si concessum esset huic a Domino vitæ spatium longioris. Expensas, labores, angustias, sudores et cætera incommoda quæ in supradictis operibus diu sustinuit, per quæ etiam abbreviati fuerunt dies ejus, citiusque optato expiravit, vita enim dignus fuerat longiore, nec curo, nec possum dicere; multa enim fuerunt valde, et vix aut nunquam possent numero comprehendi. Et si Deus tot et tanta bona per eum contulit huic Ecclesiæ, dum adhuc claustralis esset et subditus, quot et quanta, putamus, collaturus erat in posterum, si sanus et incolumis diu viveret prælatus. Sed mox, ut pastoris suscepit officium, langore percussus est insanabili, omnique quandiu postea vixit caruit sospitate. Nec

(1) Ce passage curieux nous apprend que l'abbé Vital était le directeur spirituel d'Isabelle Taillefer, ce qui n'a été connu d'aucun des historiens de cette princesse.

(2) Nous ignorons le nom de cet archevêque de Tarragone, n'ayant à notre disposition que fort peu de documents relatifs à l'histoire de l'Église d'Espagne. Ce prélat avait sans doute connu l'abbé Vital, lorsque celui-ci était à Saint-Antonin de Pamiers, ville voisine de la province ecclésiastique de Tarragone.

tunc etiam a bono cessavit opere, sed fecit quod potuit, lavatorium scilicet cum ciborio suo, duas majores campanas, horologium quoque, quod si non ex toto, tamen ex parte maxima jam completum fuerat, priusquam in Domino obdormiret. Et licet toto fractus esset corpore et invalidus, nunquam tamen huic domui defuit Dominus, sed et eam bonis omnibus multo magis quam antea exuberantem reddidit, et debitorum pondere prægravatam ex parte maxima relevavit.

Quot et quanta flagella suscepit de manu Domini dum huic præfuit Ecclesiæ nolo proferre in medium; tot enim et tanta fuere, ut præ multitudine et magnitudine audientibus incredibilia viderentur. In quodam enim meditullio, ut ita dicam, vitæ et mortis positus, nec vivere nec mori poterat, donec triennio peracto et eo amplius, dies affuit ultima, qua pater omnipotens et dolori ejus finem imposuit, et requiem, ut credo, tribuit sempiternam. In carnis munditia, in castitate, continentia, in omni morum honestate, nostra non indiget commendatione; in his enim conversatus est a puero, nec parem habuit. Unde, licet verba jocosa, ut moris est humani, libenter audiret et risum moventia, nunquam tamen scurrilia et ad carnis immunditiam pertinentia potuit sustinere. Quam pie vixerit, quam fideliter firmiterque fidem catholicam tenuerit, ejus ultima probavit confessio, qua audita, qui præsentes aderant se non poterant a lacrymis continere. Testati sunt siquidem qui ei assistebant, in extremo jam constituto spiritu, quod, cum lingua ejus proprio jam careret officio, quod linguæ deerat

manu redimens, signis signum sanctæ Crucis sibi
petiit adportari. Quam allatam amplectens et deos-
culans, textum quoque Passionis Dominicæ, prout
a quolibet Evangelistarum editus fuerat, super caput suum legi ab aliquo petiit; quo completo, non
multo post in Domino obdormivit. Hujus licet bre-
vissima fuerit prælatio et pene nulla propter dierum
paucitatem, per solum enim triennium et anni dimi-
dium huic præfuit Ecclesiæ, ampliori tamen dignus
est laude quam prædecessores cæteri, quia plura
fecit quam alii, ut præsens indicat dies, ad laudem
et gloriam Creatoris. Unde, si cum eo recte agatur,
specialem memoriam non immerito habere meruit
in hac Ecclesia, quam Dominus per eum tanto insi-
gniri decore voluit, ut aliarum Ecclesiarum merito
dicatur et sit speculum, obque sui prærogativam
decoris, admirabilis cunctis gentibus habeatur.

Obiit autem XVI kalendas aprilis, anno M. CC.
XXVII ab incarnatione Domini (17° martii 1227),
apud Moledam (1), domum Ecclesiæ Beatæ Mariæ
de Corona, circa noctis medium; illuscescenteque
die delatus ad Coronam, honorifice susceptus est a
fratribus, celebratisque ex more missarum solem-
niis, et quo dignus fuerat illi honore exhibito, appositus est ad patres suos, et traditus sepulturæ.

Factori cœli servivit mente fideli;
Detur ei requies et sine nocte dies.

(1) Le prieuré de Moulède, dans la paroisse de Saint-Saturnin, à 275
toises environ et au midi de la route actuelle de Saintes. Voir dans les
Additamenta la charte de Lambert, de l'an 1143, sur cette dépendance de
l'abbaye de La Couronne.

Verax, atque pius, justus fuit, atque modestus;
   Non est inven*tus* ejus in ore dolus.
Providus in factis, verbo gravis; enumerare
   Nemo potest in eo quæ latuere bona.
Sufficerent multis bona quæ Dominus dedit illi
   Soli, sed citi*us* abstulit illa Deus.
Optato citius, profectibus invida nostris,
   Mors exstinxit eum, nos perimendo simul.
Gaudia pellantur, pro lætis tristia dentur,
   Pro risu lacrymæ nocte dieque fluant.
Invida, more suo, præclaris actibus ejus,
   Ausa nimis, potuit Mors breviare dies.
Mors, utinam *nil* in hoc posses, nil juris haberes!
   Sed donaretur vivere semper ei.
Hic bonus, hic meli*or*, hic optimus, atque secundus,
   Ut breviter dicam, Junius iste fuit.
Firma stetit pedibus domus hæc innixa duobus,
   Dum vixit. . . . .(1).
Hic est Vitalis; nullus fuit antea talis,
   Nec post æqua*lis;* hic fuit absque malis.
Sit bene Vitali, qui dignus nomine tali;
Factori cœli servivit mente fideli.
Quidquid agebat e*rat* omni præstantius auro;
   Quis fuit et quan*tus* indicat ejus opus (2).

(1) Ce vers n'est pas terminé dans le Manuscrit.

(2) On trouve dans ces vers sept syllabes dont la quantité n'a pas été observée; nous les avons imprimées en italique. Nous ferons remarquer cependant que six de ces syllabes, brèves de leur nature, ont pu être allongées par la césure; c'est une licence autorisée par les poëtes de l'antiquité et par ce beau vers de Virgile :

        .... *Crudelis ubique*
Luctus, ubique pavor et plurima mortis imago.
    (Æneid., lib. II, v. 369.)

A la suite de ces vers, au bas du *verso* du trente-cinquième feuillet du Manuscrit, se trouve la signature du poëte Octavien de Saint-Gelais, évêque

CAPITULUM XLI (1).

De domno Helia, abbate.

Successit autem venerabili Vitali, abbati de Corona, domnus Helias Seguini, tunc majoris prioris agens officium, vir siquidem suavis et mitis, et amator innocentiæ et castitatis. Qui etiam a pueritia jugum religionis suscipiens, usque ad exitum vitæ humiliter atque feliciter portavit. Quem utique, quia erat mitis, ut diximus, et humilis corde, tanto Dominus gratiæ suæ decoravit privilegio, ut in diebus ejus refectorium fratrum clericorum, cum IIII ciboriis miræ pulchritudinis, ædificaretur. Hujus gesta, quia a puero non didici, alteri referenda relinquo. Obiit autem III nonas septembris (3° septembris 1232), circa horam diei nonam, apud Coronam, in domo infirmorum, inter manus fratrum clericorum et laicorum; peractisque in crastinum exsequiis, appositus est ad patres suos, et sepultus in sarcophago quod est contiguum domni Vitalis, abbatis de Corona, prædecessoris sui.

Detur ei requies et sine nocte dies.

d'Angoulême de 1494 à 1502, à qui sans doute on avait confié le volume et qui signait ainsi : † *Octouianus. epus Engolismen.* Voir le *fac-simile* de cette signature, au bas de la planche placée en tête de notre publication.

(1) Quatrième écriture gothique, à partir de la première ligne du *recto* du trente-sixième feuillet du Manuscrit.

CAPITULUM XLII.

De domno Willelmo, abbate.

Sublato autem de medio domno Helia Seguini, successit ei domnus Willelmus, cognomento Singularis (1), vir utique providus in omnibus et circumspectus. Cui cum olim in juventute domus de Salinac et de Agudella (2) fuissent commissæ, quamvis eo tempore in medio nationis pravæ et perversæ viderentur sitæ domus prædictæ, utramque tamen vigilanter et strenue gubernavit; et chorum in ecclesia de Agudella et duo ciboria fecit, et dormitorium et refectorium et claustrum desuper lambricavit, et domum ipsam bonis omnibus plenam et absque debitis reliquit, quando vocatus ad Coronam in priorem grangiarium (3) est mutatus. Ubi, cum prudenter et fideliter se haberet, et totus labor

(1) Cinquième écriture gothique, à partir de l'avant-dernière ligne du *recto* du trente-sixième feuillet du Manuscrit.

(2) Les deux prieurés de Salignac et d'Agudelle étaient situés en Saintonge, dans les environs de Jonzac, et dépendaient de l'abbaye de La Couronne. Voir dans les *Additamenta* la charte de Lambert, du 2 juillet 1116, relative au lieu d'Agudelle.

(3) *Prior grangiarius,* prieur grangier. « *Qui præest* grangiæ, aut villæ, vel prædio rustico. » (Voir le *Glossaire* de Du Cange.)

et sollicitudo exteriorum sibi incumberet, cogitare cœpit ut refectorium fratrum clericorum, quod minabatur ruinam, reficeret; de quo cum habuisset secretum colloquium cum fratribus laicis et cum donatis, placuit omnibus, et promiserunt ei denarios et bladum et vinum, prout destinavit quilibet in corde suo, non ex tristitia, sed ex hilaritate. Incœpit itaque confidenter congregare lapides et cæmentum et cætera quæ necessaria videbantur ad opus perficiendum. Decedente vero interim priore majore, ipse in locum ejus substituitur. Quod officium per Dei gratiam interius et exterius ille taliter amministravit, ut acceptus et carus omnibus haberetur, et refectorium quod incœperat, cum IIII ciboriis miræ pulchritudinis, infra triennium perficeret.

Post decessum autem domni Heliæ abbatis, sicut supra prælibavimus, promotus est in abbatem. Inveniens igitur abbatiam magnis debitis oneratam, et bonis omnibus indigentem, infra quinquennium solutam a debitis, victualibus et omnibus necessariis reddidit affluentem. Deinde circumcinxit eam fossatis et muris duplicibus, et fecit stagna et molendina quæ sunt ad Porterni (1). Post hæc fecit campanarium et omnes campanas et signa magna quæ sunt in eo. Fecit etiam cupam argenteam, deauratam, cum lapidibus pretiosis, continentem intus sanctorum reliquias, qua defertur corpus

---

(1) On peut lire aussi *Portemi*. Du reste, ce nom de lieu nous est entièrement inconnu.

dominicum quando visitantur infirmi, et crucem magnam argenteam, deauratam, cum lapidibus pretiosis, continentem intus sanctorum reliquias pretiosas. Vestimenta quoque et ornamenta pretiosa ad serviendum Domino fecit in ecclesia, quam cereis et luminaribus decoravit. Relevavit insuper domnum Lambertum episcopum et transtulit a crypta cimiterii in majorem ecclesiam, cui superposuit tumbam cupream, deauratam, pulcherrimam (13° junii 1238) (1). In claustro quoque fratrum laicorum, quod erat turpe et vile, fecit V ciboria pulchra et alta, et unum pulchrius et altius super lavatorium eorumdem. Sed et alia V fecit ciboria pulchriora in claustro infirmitorii clericorum. Postea domnus W. (Willelmus) statuit ut quolibet die daretur pitantia fratribus de redditibus quos ipse acquisivit. Ista antea non dabatur, nisi tantum in hebdomada. Stabilivit quoque ut singu-

(1) Les traces de ce tombeau de Lambert, qui avait été dégradé dans les guerres de religion, se voyaient encore, avant la révolution, devant le grand autel. Voir le plan joint à la présente publication.

C'était ici le lieu de parler du décès de la comtesse-reine Isabelle, morte en 1246, du temps de l'abbé Guillaume Singulier; mais le silence de l'auteur de ce chapitre donne de la force à l'opinion des écrivains qui prétendent que cette princesse fut enterrée à Fontevrault.

Il n'est rien dit aussi, dans ce Chapitre ni dans les suivants, des trois comtes d'Angoulême Hugues II (XI), III (XII) et IV (XIII), qui furent cependant inhumés à La Couronne. Corlieu dit que les deux premiers le furent dans la chapelle des Apôtres, et le dernier devant le grand autel; mais Boutroys prétend « qu'il n'y a point d'apparence qu'aucun ait esté « enterré en la chapelle des Apostres, mais oui bien en celle des Vierges, « où il y a trois belles tombes qui sortent au-dessus de la terre ou pavé, « dont deux ont esté gravées, mais l'on ne peut plus lire l'escriture. »

lis fratribus daretur quotidie oba parvula vini puri.
Cum hæc igitur et alia plurima bona fecisset, langore correptus est valido, pro quo cum per triennium fere jacuisset in lecto, negotia tamen totius
ordinis memoriter et caute disponebat, et domus
de Corona in blado et vino, et in cunctis quæ ad
usum vitæ pertinent, superhabundabat; itaque
ante quintum decimum diem mortis suæ debeban-
tur sibi XII millia solidorum, et habebat in arca,
tam in denariis quam in argento et auro et vasis,
valentiam XXXII millium solidorum. Cum autem,
langore crescente, diem mortis imminere jam sibi
sentiret, sacramenta petiit et accepit cum magna
cordis contritione. Quibus acceptis, placidissimo
transitu requievit in pace. Quo in ecclesiam delato,
et per totam noctem vigiliis, psalmis et luminaribus plurimis frequentato, advenientibus in crastinum reverendis abbatibus de Sancto Eparchio (1)
et de Baciaco (2), ipsum sicut decebat honorabili
tradidimus sepulturæ, anno M. CC. L. IIII ab incarnatione Domini, nonas septembris (5° septem
bris 1254).

Christus, flos Yesse, qui, quod nichil est, caret esse,
Hunc de non esse defunctum ducat ad esse ;
Post calicem mortis, post diræ debita sortis,
Angelus hunc fortis Paradisi sistat in hortis ;
Gaudeat hic lætus, cœli munimine fretus ;
Concedatur ei locus a Domino requiei ;

(1) Robertus.
(2) Willelmus II de Vibrac.

Ornet eum jubar æthereum; precibusque juvatus,
Tartareum fugiat puteum, super astra locatus.
Care pater! non hostis ater te vexet euntem
Ille malus, te vera salus regat alta petentem!
Amen.

CAPITULUM XLIII.

De domno Gumbaudo, abbate (1).

Sublato de medio dommo W. (Willelmo), cognomento Singulari, successit ei in regimine abbatiæ
de Corona domnus Gumbaudus Gilemundi. Qui
multa bona, tam in redditibus quam in aliis, dictæ
Ecclesiæ, Deo concedente, acquisivit. *Dedit habitum et regulas sororibus d'Espagnac* (2). Tenuit
autem regimen Ecclesiæ jam dictæ Beatæ Mariæ

(1) Sixième écriture gothique, à partir de la première ligne du *recto* du
trente-huitième feuillet du Manuscrit.

(2) Ces mots imprimés en italique ne sont pas dans le Manuscrit original; mais ils se trouvent en marge des copies de Saugeuil-La-Vallade et
Desbrandes.

Il s'agit ici du prieuré conventuel des religieuses d'Espagnac, dans le
diocèse de Cahors, dont la première fondation fut faite, en février 1210,
par l'abbé Adémar. (Voir *Gallia Christiana*, tom. II, *Instrumenta*, col. 456.)

de Corona fere annos quatuordecim. Postea vero, senio debilitatus, resignavit spontanea voluntate in manu domni Rotberti, episcopi tunc temporis Engolismensi regimini prænominati, XVI kalendas augusti anno gratiæ M. CC. LX. VIII (17° julii 1268) (1). Obiit autem III kalendas octobris, anno Domini M. CC. LXX. IIII (29° septembris 1274), senex et plenus dierum, vivens, post resignationem regiminis abbatiæ de Corona, VI annis.

CAPITULUM XLIV.

De domno Guillelmo de Chanderico, abbate.

Cui sucessit in regimine prædictæ abbatiæ de Corona, post resignationem prædicti domni Gumbaudi, domnus Guillelmus de Chanderico (1268). Hic renovavit conductum aquæ de claustro integre. Item fecit cupam argenteam, et tabulam argenteam, et capsellam cupream ubi conduntur reliquiæ plurimorum sanctorum. Item fecit yconam beatæ Mariæ et aulam, quæ sunt ante portam.

(1) Septième écriture gothique, à partir de la onzième ligne du *recto* du trente-huitième feuillet du Manuscrit.

Item fecit collocutorium cum sex civoriis et pavimentum de refectorio. Ecclesiæ item acquisivit domos de Engolisma, quæ fuerunt Heliæ Piscis (1).

Obiit autem anno Domini M. CC. LXX. V, quarto nonas septembris (2° septembris 1275), et præfuit Ecclesiæ VII annis et mense uno.

---

(1) Une note ancienne, écrite sur un exemplaire des *Noms et ordre des Maires* de Sanson (1651, in-4°), nous apprend que les maisons qui se trouvaient sur l'emplacement du vieil hôtel de ville, bâti de 1494 à 1496, sous la mairie d'Elie Seguin, avaient été cédées à la ville d'Angoulême par l'abbaye de La Couronne, « qui les tenoit d'un nommé Poisson ». Ce sont donc les maisons dont il s'agit ici.

L'ancien hôtel de ville avait sa façade sur la rue dite aujourd'hui de Henri IV, le côté nord sur la rue du Point-du-Jour, le côté sud sur la rue Saint-Étienne, et le derrière sur une *ruelle* ou *venelle* traversière. Nous en avons vu plusieurs dénombrements et hommages faits à l'abbé de La Couronne : l'un fait, le 1er avril 1560, sous la mairie d'Elie Dexmier ; le deuxième, le 22 mars 1579, sous celle de François Redond, sieur de Boisbedeuil (H. 437 et 445); et un autre, le 22 novembre 1661, sous celle d'Abraham de Lafarge, sieur de Pommeret (H. 456) : « Et ce, au debuoir « d'vne paire d'esperons dorez, appreciez à sept sols six deniers, pour « hommage-lige à muance de seigneur, et de deux liures de cire neufue et « six deniers de rente annuelle, due à ladicte abbaye par chacun an, en « chacune feste de sainct Michel. » Les restes de cet hôtel de ville, ruiné en 1646, ont entièrement disparu en 1806.

L'abbaye de La Couronne possédait aussi, depuis longues années, dans la ville d'Angoulême, une maison vulgairement appelée le Château de Beaulieu, que l'abbé Jean Callueau céda, le 11 décembre 1573, à Barbe de Saint-Gelais, abbesse du monastère de Saint-Osony (Saint-Ausone), en échange de plusieurs droits seigneuriaux et rentes annuelles dans la paroisse de Saint-Jean-de-La-Palud, à la charge par ledit abbé de faire hommage à l'abbaye de Saint-Ausone, à chaque muance d'abbesse, de « vne paire de « gants blancs appréciés à cinq sols tournois ». (H. 431.)

CAPITULUM XLV.

De domno Fulcaudo, abbate, et successoribus.

Cui successit in regimine domnus Fulcaudus (1), vir simplex et bonæ vitæ et honestæ, mitis et humilis. Fecit lectos in dormitorio, construxit aulam super re*fec*torium (vivere desiit anno 1280 : — *Gal. Christ.*, tom. II, col. 1045).

[*L'ancien Manuscrit de la Chronique latine de l'Abbaye de La Couronne se termine véritablement ici au mot* refectorium. *Il ne reste que la lettre* r *et la finale* rium *de ce dernier mot de l'écriture gothique* (2). *Les pages ajoutées, à partir de la douzième ligne du* verso *du trente-huitième feuillet, sont de différentes écritures modernes, dont la plus ancienne ne remonte pas au delà du seizième siècle, et consistent en un catalogue assez défectueux des abbés du monastère, de l'an* 1283

(1) Huitième écriture gothique, à partir de la neuvième ligne du *verso* du trente-huitième feuillet du Manuscrit.

(2) Le mot était effacé dès le temps du frère Antoine Boutroys, qui a lu tour à tour *super claustrum* et *super lavatorium*. Saugeuil-La-Vallade et Desbrandes se sont trompés plus grossièrement, en lisant *super muros ejus.*

13

à l'année 1622. Si nous reproduisons cette liste, c'est afin qu'on ne puisse en aucune manière nous accuser d'avoir retranché quelque chose du précieux document que nous livrons à la curiosité des érudits. Ici, comme dans le corps de l'ouvrage, tout ce qui est placé entre parenthèses a été interpolé par nous et ne figure pas dans le Manuscrit.]

Anno 1283 (et 1287), domnus Johannes (II) Hudit erat abbas.

Post eum domnus Fulco fuit abbas (et erat anno 1306).

Cui successit domnus Gumbaudus secundus (deest in *Gal. Christ.*, tom. II, col 1045).

Anno 1308, domnus Guillelmus tertius erat abbas.

Anno 1311, domnus Emericus erat abbas.

(Fulco II, 1314, ex chartul. Gratiæ-Dei : — *Gal. Christ.*, tom. II, col. 1046.)

Anno 1319 (et 1323), domnus Gumbaudus tertius erat abbas.

Cui successit domnus Helias tertius, anno 1329, et anno 1339 (et 1343) erat etiam abbas de Corona.

Anno 1344, domnus Petrus secundus erat abbas.

Anno 1354, domnus Petrus tertius erat abbas, qui fuit prior Agudellæ.

Anno (1361 et) 1372, domnus Petrus (IV) Anserat erat abbas.

Anno 1388 (et 1389), domnus Petrus quintus erat abbas.

Anno 1400, domnus Petrus (VI) Senex erat abbas (1).

Anno 1415, domnus Petrus (VII) Pontet erat abbas.

---

(1) Denys de Saincte-Marthe (*Gal. Christ.*, tom. II, col. 1046) suppose que ces cinq abbés du nom de Pierre peuvent se réduire à deux, et il donne à Pierre Pontet le chiffre IV au lieu de VII.

On trouve dans l'anc. *Gal. Christ.* (tom. III, p. 749) un Pierre de Chalais, abbé de La Couronne, puis évêque de Montauban (de 1368 à 1379); ce qui ne peut convenir qu'à Pierre III ou à Pierre Anserat,

Anno 1424, hujus Ecclesiæ regimen domnus Petrus Pontet omno Petro Bouchard resignavit.

Anno 1462, domnus Petrus (VIII) Bouchard obiit (1).

Anno 1495, 1° februarii, domnus Petrus (IX) Achard obiit (2).

Anno 1511, domnus Raymundus Achard obiit.

Cui successit domnus Johannes (III) Petit, et anno 1515 (alias 1514) resignavit.

Anno 1522, domnus Johannes (IV) Calueau, episcopus Silvanensis (melius Silvanectensis) et abbas Beatæ Mariæ de Corona, obiit in civitate Lugdunensi. Fuit primus abbas commendatarius (3).

Anno 1553 (melius 1554), domnus Annetus de Planis (alias de Plas), episcopus Vasatensis et abbas Beatæ Mariæ de Corona, obiit (in gentilitio castro de Curamonte diœcesis Tutelensis : — *Gal. Christ.*, tom. I, col. 1210).

Anno 1579, domnus Franciscus Taurel, abbas Sancti Petri de Lezato, qui olim (ante 1572) fuerat abbas de Corona, obiit 5° maii (4).

(1) Voir, dans la *Vie de Jean d'Orléans, dit le Bon, comte d'Angoulême*, par Jean du Port (page 61 de notre édition, *Angoulême*, 1852, in-8°), une lettre de ce prince à Pierre Bouchard; il est dit aussi, à la page 65, que cet abbé « estoit très-docte homme, de douce et paisible conversation et « saincte vie ».

(2) Cet abbé et le suivant appartenaient probablement à l'ancienne famille des Achard du Poitou et de l'Angoumois ; mais ils ne sont mentionnés ni dans le *Dictionnaire de la Noblesse*, de La Chenaye-Desbois (tom. I, p. 21 et suiv.), ni dans le *Dictionnaire des Familles de l'anc. Poitou*, par MM. A. Beauchet-Filleau et Ch. de Chergé (*Poitiers*, 1840-54, 2 vol. gr. in-8°, tom. I, p. 3 et suiv.).

(3) La famille Calueau, Calauau ou Calluaud, a donné des conseillers, des échevins et deux maires à la ville d'Angoulême : l'un, Arnaud Calueau, maire en 1501; l'autre, Guillaume Calueau, trois fois maire en 1509 et et 1510, en 1517 et 1518, et enfin en 1530.

Jean Calueau, évêque de Senlis et premier abbé commendataire de La Couronne, était frère d'André Calueau, reçu échevin en 1518.

(4) François Taurel, étant abbé de La Couronne, avait permuté, dès

Anno 1584, ultima die junii, domnus Johannes (V) Calueau (abbas ab anno 1572) obiit in civitate Burdigalensi (quem ut suum patrem luxerunt pauperes : — *Gal. Christ.*, tom. II, col. 1046) (1).

Die Jovis, XIX mensis septembris 1585, nobilis domnus Johannes (VI) de Voluyre de Ruffec accepit possessionem hujus monasterii Beatæ Mariæ de Corona, et obiit (sicariis necatus) anno Domini 1619, pridie calendas augusti (31° julii) (2).

Anno Domini 1620, 7° die februarii, illustrissimus et reverendissimus cardinalis de Retz, Henricus de Gondy, Parisiensis episcopus, accepit possessionem hujus Ecclesiæ de Corona, et obiit anno 1622, *à Béziers, en Languedoc* (sic *gallice*), die 22 augusti (3).

Explicit Codex

membra-

nace-

us.

1572, avec Jean Calueau qui suit, pour l'abbaye de Guîtres (*de Aquistriis*), située près de Libourne, dans le diocèse de Bordeaux. Il est nommé *Petrus Franciscus, comte Taurel*, dans le catalogue des abbés de ce dernier monastère (*Gal. Christ.*, tom. II, col. 878), et Jean Callueau qui l'avait précédé n'y est pas mentionné.

François Taurel, à l'époque de sa mort, était abbé de Saint-Pierre-de-Lezat, dans le diocèse de Rieux.

(1) Le corps de Jean Calueau fut transporté à La Couronne et inhumé dans l'église de Saint-Jean-de-La-Palud. Cet abbé, deuxième du nom, était neveu de l'évêque de Senlis dont il est parlé plus haut.

· (2) Il est parlé, dans les *Historiettes* de Tallemant des Réaux (tom. IV, p. 212, 3ᵐᵉ édit.), de la mort violente de l'abbé Jean de Voluire (ou Volluire, et non Volvire); et nous avons relevé tout ce qui concerne cette catastrophe aux pages 83 et suivantes de notre publication intitulée : *Entrées solennelles dans la ville d'Angoulême* (Angoulême, 1856, in-8°).

(3) Cette date est fausse, ainsi que celle du 3 août, qui a été donnée par le *Moréri* de 1759. Le cardinal de Retz mourut le samedi 13 août 1622,

sur les dix heures du soir, (voir l'*Histoire généalogique* du P. Anselme, tom. III, p. 895, ainsi que la date placée au bas du portrait de ce cardinal, gravé par C. Duflos et inséré dans les *Éloges hist. des Évêques et Archevêques de Paris*, par Martignac, *Paris*, 1698, in-4°). Henri de Gondy avait suivi à Béziers le roi Louis XIII, qui, par son conseil, marchait contre les protestants. Il ne faut pas le confondre avec son neveu Jean-François-Paul de Gondy, aussi cardinal de Retz, qui joua un si grand rôle dans les troubles de la Fronde.

Voici la suite des abbés de La Couronne jusqu'à la révolution.

Après la mort de Henri de Gondy, et sur les sollicitations qui avaient été faites par ce prélat, Louis XIII unit l'abbaye de La Couronne au collége de Clermont, appelé depuis collége de Louis-le-Grand, tenu à Paris par les Jésuites; ce qui fut confirmé en 1625 par une bulle du pape Urbain VIII, et par un arrêt d'union de l'an 1630.

Louis-Hercule de Lévis de Ventadour, évêque de Mirepoix, fut nommé abbé de La Couronne le 28 avril 1675, et céda en échange aux Jésuites du collége de Clermont l'abbaye de Saint-Martin-aux-Bois, dans le diocèse de Beauvais. Il mourut en janvier 1679.

Charles Calonne de Courtebonne, nommé après la mort de l'évêque de Mirepoix, prit possession de l'abbaye le 6 novembre 1679, et mourut au mois d'octobre 1723. Il était aussi abbé de Chaumes, dans le diocèse de Sens.

Louis-Jacques Chapt de Rastignac, évêque de Tulle, puis archevêque de Tours, fut nommé abbé de La Couronne le 17 octobre 1723, et mourut le 2 août 1750. Il possédait également l'abbaye de la Sainte-Trinité de Vendôme, et celle de Vauluisant, dans le diocèse de Sens. Voir sa vie dans le tome XXXVII de la *Biographie universelle* de Michaud et dans la *Notice historique et généalogique sur la maison Chapt de Rastignac* (Paris, 1858, in-12).

Louis de Bompar, vicaire-général et chanoine de Rodez, nommé abbé en 1750, mourut à Grasse le 1er décembre 1773.

Jean-Louis-Gaston de Pollier, vicaire-général de Vabres, fut nommé abbé en 1774, reçut depuis le titre d'évêque de Thermes, et mourut en 1789.

N*** Gaston de Pollier, neveu du précédent, lui succéda en 1789, et fut le dernier abbé de La Couronne.

Le dernier prieur du monastère a été Pierre-Charles Célery d'Aleins, qui représenta les religieux de La Couronne à l'assemblée générale du clergé de l'Angoumois, lors de la convocation des trois ordres, en 1789.

ADDITAMENTA

Nous avons dépouillé près de 2000 pièces rela-
tives à l'abbaye de La Couronne, formant en-
semble 41 liasses des Archives départementales de
la Charente (H. 427-468). Nous y avons puisé
une grande partie des éclaircissements nécessaires
à notre texte, et nous réunissons ici, dans nos
ADDITAMENTA, un choix de documents originaux,
destinés à faire connaître l'importance de l'abbaye
dans les deux premiers siècles de son existence. Il
nous reste encore un nombre considérable de notes
et copies dont nous pourrions faire usage; mais, en
toute chose, il ne faut pas que l'accessoire l'em-
porte sur le principal.

I

LISTE CHRONOLOGIQUE

DES ABBÉS DE LA COURONNE (1).

Anno

  I. Lambertus (2). 1122
 II. Fulcherius Arradi (3). 1136
III. Helias I Grataudi (4). . . . . 1143?
IV. Junius (*alias* Julius) (5). . . . . 1149?

(1) Cette liste ne contient que les noms des quinze premiers abbés, dont l'histoire forme, à proprement parler, le texte de notre Chronique. Voir pour la suite la fin du Chapitre XLV et la dernière note que nous y avons ajoutée.

(2) Lambert desservait l'église de Saint-Jean-de-La-Palud, avec un certain nombre de religieux, depuis environ vingt ans, lorsque l'évêque Girard le consacra abbé, à leur entrée à La Couronne, en 1122.

(3) Après la promotion de Lambert à l'évêché d'Angoulême (17 mai 1136), *Fulcherius* remplissait les fonctions d'abbé; mais il en refusa toujours le titre et les honneurs.

(4) Il se démit volontairement de ses fonctions en présence de Lambert.

(5) Il existe une certaine obscurité dans la chronologie des trois abbés *Fulcherius, Helias* et *Junius*. — Fulcherius a dû mourir avant le 8 des ides de mars 1141, puisque nous trouvons à cette date une bulle du pape Innocent II, adressée *Benedicto priori et fratribus Sanctæ Mariæ de Corona* (H. 427 et 449). — *Helias* est abbé en 1143 (*n. s.* 1144), où Lucius II

14

lui délivre, sur la demande de Lambert, la bulle que nous publions plus loin ; mais il se démet de ses fonctions avant 1148, date d'une autre bulle d'Eugène III, que nous n'avons pas vue, *Benedicto priore monasterii gubernacula moderante* (*Gal. Christ.*, tom. II, col. 1044).—Nous ne pouvons non plus fixer l'époque de la nomination de *Junius* ; mais nous savons qu'elle est antérieure au 13 juin 1149, où mourut Lambert, qui consacra cet abbé.

(1) Il fut promu à l'évêché d'Angoulême en 1182.

(2) Denys de Saincte-Marthe (*Gal. Christ.*, tom. II, col. 1045) met entre *Helias II* et *Willelmus I* un abbé qu'il nomme *Aymardus* ou *Ademarus*, qui n'a pu exister à cette place ; il y a certainement une erreur, provenant de ce qu'on a lu 1237 dans le titre cité, au lieu de 1217.

II

BÉNÉFICES DÉPENDANT DE L'ABBAYE DE LA COURONNE.

Offices claustraux.

L'Aumônerie,
L'Infirmerie, } à la nomination du Chapitre.
La Sacristie,

Diocèse d'Angoulême.

La Cure ou Vicairie de S.-Jean-de-La-Palud (*S.-Johannis de Paludibus*).

(1) Nous avons composé cette liste : 1° sur un dénombrement latin copié vers 1640 par Boutroys (*Ms.* n° 2), et intitulé : *Catalogus officiorum et beneficiorum, nempe priorum Prioratuum, tam regularium et conventualium quam secularium, qui in capitulum generale, quod in ecclesia Beatæ Mariæ de Corona, ordinis Sancti Augustini, in Angolismensi diocesi, singulis annis, idibus junii, celebratur, venire et in habitu ordini suo proprio et decenti comparere, debitasque pensiones solvere.et plures alios actus et negotia tractare, tenentur;* 2° sur une liste française, écrite sous l'épiscopat de Cyprien-Gabriel Bénard de Rezé, évêque d'Angoulême de 1689 à 1737 (H. 456).

Tous ces bénéfices étaient à la nomination de l'abbé de La Couronne, moins ceux que nous avons fait suivre d'une indication contraire. Une partie des prieurés étaient conventuels dans l'origine, mais vers les derniers temps ils contenaient peu ou point de religieux.

Le Prieuré-Cure de S.-Maurice-d'Échalat (*S.-Mauricii de Eschalato*).

Le Prieuré-Cure de S.-Orient de Sireuil (*S.-Orientis de Cirolio*).

Le Prieuré de Moulède (*de Moleda*), uni à l'abbaye.

Le Prieuré de Ste-Eulalie (*Stæ-Aulariæ*), paroisse de S.-Genis, uni à la sacristie.

Diocèse de Saintes.

Le Prieuré de N.-D. de La Couronne en Arvert (*de Arverto*).

Le Prieuré de N.-D. ou de S.-Georges de Rifaucon (*B. M. vel S.-Georgii de Rivofulconis*).

Le Prieuré de Ste-Croix de Chailles (*Stæ-Crucis de Challes*), près de Pons.

Le Prieuré-Cure de N.-D. et de S.-Eutrope d'Agudelle (*B.-M. et S.-Eutropii de Agudella*), réunis sous un seul titre.

Le Prieuré-Cure de S.-Pierre de Salignac (*S.-Petri de Salinac*).

Diocèse de Bordeaux.

Le Prieuré-Cure de N.-D. de Bellegarde (*B.-M. de Bella Gardia*) et de S.-Pierre de Lansac (*S.-Petri de Lansac*), réunis sous un seul titre.

Le Prieuré-Cure de S.-Dizant de Soudiac (*S.-Diziani de Soudiaco, cum ejus annexa de Asconia*).

Diocèse de La Rochelle.

Le Prieuré de N.-D. ou de S.-Laurent du Lignon (*B.-M. vel S.-Laurentii de Lignione*).

Le Prieuré-Cure de N.-D. de Lagord (*B.-M. de Agorta*).

Diocèse de Poitiers.

Le Prieuré de N.-D. de Font-Blanche (*B.-M. de Fonte-Albo*).
Le Prieuré de S.-Martin de Niort (*S.-Martini de Niorto*).

Diocèse de Périgueux.

Le Prieuré de N.-D. de Puy-Foucaud (*B.-M. de Podio Fulcaudi*).
Le Prieuré de N.-D. de La Faye (*B.-M. de Faia*).
La Cure de S.-Saturnin de Vendoire (*S.-Saturnini de Vendoria*).

Diocèse de Limoges.

Le Prieuré de N -D. d'Haültevaux (*B.-M. de Altis Vallibus*).
La Cure de S.-Sulpice de Dournazac (*S.-Sulpitii de Dornezaco*).

Diocèse de Saint-Flour.

La Prieuré de N.-D. d'Aigrefeuille (*B.-M. de Agrifolio*).
De Prieuré de N.-D. du Pont (*B.-M. de Ponte*).
Le Prieuré de S.-Jean-Baptiste ou de N.-D. d'Escarmeil (*S.-Johannis Baptistæ vel B.M. de Scarmelis*) (1).
Le Prieuré de N.-D. de Montcalm (*B.M. de Monte Calmo*) (2).

(1) Le catalogue latin copié par Boutroys mentionne ce prieuré comme faisant partie du diocèse de Clermont.

(2) Le catalogue latin de Boutroys place ce prieuré dans le diocèse de Cahors. Il met aussi dans le diocèse de S.-Flour les trois prieurés suivants, qui ne sont pas dans la liste française : *B. M. de Lignaco*, — *B. M. de Blanchefoucade*, — *B. M. de Ansterch*. Nous n'avons pas établi ces bénéfices sur notre liste, n'en ayant pas trouvé d'autre mention.

Diocèse de Cahors.

Le Prieuré conventuel des Filles du Val de Paradis d'Espagnac (*Parthenon Vallis Paradisi de Espanhac*). La prieure était perpétuelle, élue par les religieuses et confirmée par le chapitre de La Couronne.

Le Prieuré de N.-D. de Molières (*B.-M. de Morlieres*).

Le Prieuré de S.-Saturnin de Francoulès (*S.-Saturnini de Francoles*).

La Prieuré de N.-D. de La Ramière (*B.-M. de Rameria*). Uni dans les derniers temps au noviciat des Jésuites de Toulouse.

III

CHARTE DE LAMBERT,

Chapelain de Saint-Jean-de-La-Palud,

Concernant la terre et forêt d'Agudelle.

1116.

In nomine patris et filii et spiritus sancti, ego Lambertus, indignus sacerdos Ecclesiæ Sancti Johannis de Paludibus, certitudinem veritatis volo relinquere omnibus nostris successoribus et cæteris fidelibus de loco et de terris et ædificiis et de silva quæ apellatur Agudella, ut si aliquando, quod absit, aliqua questio inde orta fuerit, ad perpetuum memoriale veritatis videlicet ad cartulam istam semper recurratur. Hoc autem in primis certum facimus cunctis quod, in dono quod fecerunt fideles de silva ista, annum ab incarnatione Domini et kalendam simpliciter notare non possumus, quia nimia multitudine donantium, alia dona sunt facta anno ab incarnatione Domini millesimo centesimo quintodecimo, indictione octava, alia millesimo centesimo sexto decimo, indictione nona, regnante Lodovico rege Francorum et Guilelmo duce Aquitanorum, et existente Rainaldo episcopo Sanctonensium, epacta quarta. De signis vero et de crucibus et de subscriptione donantium et de diversa materia scribentium neminem dubitare permittimus, quia alii tam viri quam mulieres propriis manibus subscripserunt, alii ut pro eis subscriberetur preceperunt, et secundum diversa tempora donantium diversi fuere scriptores nominum ipsorum. De testibus quoque qui dona viderunt, quia ex nimia multitudine omnes numerare non possumus, paucos qui pene omnia dona viderunt numeramus, hos videlicet Guilelmum Fulcherii sacerdotem, et Fulcherium Arradi, et Rotbertum de Mailas, et complures clericos et milites, Ricardum de Monte Andronis, Poncionem de Mirembello, Ramnulfum Barboti, Guilelmum Aimeric, Guilelmum de Larocha, Arnaldum Testaudi, Guilelmum Arradi, Aldoinum de Berbezillo, Iterium Maurel, cæteros ex nimietate vitamus (1). Dona quoque quæ fecerunt fideles ex maxima parte fecerunt Deo et nobis et fratribus nostris, ex quadam parte vero domno Rotberto et nobis. Illi autem qui sub nomine domni Rotberti nobis dederunt, postea manifeste et aperte nobis dederunt. Hos enim sicuti dilectissimo patri nostro et per litteras nostras mandaveramus, ut si sub nomine ipsius aliquis locus daretur, ipse concederet et in hoc nostræ petitioni assensum præberet. Ipse vero, sicuti nobis testes fuerunt Petronilla, electa abbatissa Fontis Evraudi, et Augardis, priorissa ejusdem loci, assensum nobis præbuit et juxta voluntatem nostram concessit. Quæ Petronilla ab ipso domno Rotberto et a generali conventu electa abbatissa, postea in generali et majori capitulo Fontis Evraudi veniens, saniori consilio fratrum et communi voluntate sanctimonialium, quicquid sub nomine domni Rotberti nobis datum fuerat, nobis et fratribus nostris in perpetuum concessit et dedit, et ut donum firmius maneret propria manu sua subscripsit. Donum vero quod factum est in capitulo Fontis Evraudi hujus modi est. Postquam, Domino adjuvante, consilio et voluntate Sanctonensis Episcopi, in illa silva capellam fecimus et mysterium sacri corporis et

---

(1) Ces noms et plusieurs autres se trouvent aussi dans une pièce sans date du chartrier de Fontevraut, qui nous a été communiquée en 1849 par M. Paul Marchegay, alors archiviste départemental de Maine-et-Loire.

sanguinis Ihu Xpi ibi celebravimus, consilio fratrum nostrorum Fontem Evraudi perreximus, et ibi, præsentibus fratribus videlicet Rai-
nerio sacerdote, eo tempore archipresbytero, et Andrea, et Hylario,
et Guilelmo Fulcherio qui nobiscum erat, sacerdotibus, et Gaufrido
de Linerias, quicquid in illa silva domno Rotberto et nobis datum
fuerat, Petronillæ electæ abbatissæ ad opus sanctimonialium totum
obtulimus, ut locum illum susciperent et haberent. Ipsa vero se inde
consilium accipere respondit, quæ post tertium diem responsum inde
nobis faciens, quia karitative eis locum obtuleramus, ipsum nobis
rursus karitative obtulit, et quod ipsa et sanctimoniales fœminæ locum illum nullatenus susciperent vel haberent omnino et pluribus
responsionibus affirmavit. Cartulam quoque illam quam jam de dono
silvæ feceramus ibi habebamus, et quod illam susciperent et retine-
rent eis presentavimus, quod similiter ipsa abbatissa se facere dene-
gavit, sed quicquid in illa silva sub nomine domni Rotberti datum
fuerat nobis concessit et dedit. Postquam autem a partibus illis dis-
cessimus et ad partes nostras venimus, sicuti ipsa abbatissa nobis
præceperat, misimus Fontem Evraudi fratrem Fulcherium Arradi et
Fulcherium de Beserecia cum cartula ista. Ipsa vero abbatissa in generali et majori capitulo Fulcherium Arradi cum cartula ista introdu-
xit, et quemadmodum maxima pars silvæ nobis data fuerat, parva
vero domno Rotberto, et quemadmodum se audiente ipse concesse-
rat sanctimonialibus indicavit, et quæcumque in illa silva sub nomine
domni Rotberti data fuerant nobis et fratribus nostris in perpetuum
ibi concessit et dedit, et ad confirmationem hujus doni totum conventum sanctimonialium assurgere et Amen respondere fecit. Ipsa quoque propria manu signum Sanctæ Crucis in cartula ista fecit; similiter et priorissa et subpriorissa. Ad majorem vero hujus donî confirmationem, ut semper posset manere, unam libram incensi quæ per
singulos annos monasterio Fontis Evraudi redderetur, censum ibi
posuit, salva tamen omnino ex omni parte in perpetuum nobis et
fratribus nostris integritate et libertate totius loci, excepta libra incensi. Hos autem inter cruces et nomina ipsorum qui dederunt veri-

tatem cartulæ ita intexuimus, quia decebat ut primum dona fierent et postea scriberentur. Hoc vero generale donum factum est in capitulo Fontis Evraudi, anno ab incarnatione Domini millesimo centesimo sexto decimo, Indictione nona, sexto nonas Julii, in festivitate sanctorum Martirum Processi et Martiniani, epacta quarta, in Romana sede existente Papa Paschali, regnante Lodovico rege Francorum et Guilelmo duce Aquitanorum (1).

(1) H. 427. *Charte originale* sur parchemin; hauteur 28 c., largeur 30 c. Elle paraît avoir été rognée dans le bas.

Parmi les nombreuses pièces sur Agudelle qui nous ont passé sous les yeux, nous citerons les trois suivantes : 1º de Pierre de Confolens, évêque de Saintes, qui cède à Lambert, alors abbé de La Couronne, tous ses droits sur le lieu d'Agudelle et sur Saint-Pierre de Salignac (H. 427, sans date); 2º de Jean I, évêque de Séez (*Sagiensis*), datée de l'an 1128, et relative à l'accord fait entre Lambert et Pétronille dans le Chapitre de Fontevraut, en présence de Guillaume I, évêque de Saintes, et de Guillaume II, évêque de Poitiers (*ibid.*); 3º une bulle du pape Lucius II, datée de l'an 1143 (*n. s.* 1144), Indict. VII, et confirmant le tout (*ibid.*).

IV

CHARTE DU MÊME,

ÉVÊQUE D'ANGOULÊME,

Concernant le cimetière de Saint-Cybardeaux.

Avant 1139.

Ego Lambertus, inutilis et indignus minister Engolismensis Eccle-siæ, notum fieri volo quod Willelmus, abbas Sancti Eparchii, et capellanus Sancti Eparchii de Ilicibus (1), conquestus est de filiis Rainaldi Sicherii, qui violenter et sua malitia jus ejusdem ecclesiæ et cimiterium ausu sacrilego detinebant. Venientes igitur abbas Sancti Eparchii et capellanus et filii Rainaldi Sicherii ante præsen-tiam nostram, in ecclesia Beati Michaelis quæ dicitur Inter Duas Aquas, propriis manibus juraverunt filii Rainaldi Sicherii, super altare Beati Michaelis et Sanctæ Mariæ Magdalenæ, quod de cimi-terio et de jure præfatæ ecclesiæ quidquid nos diceremus, totum et per omnia exequerentur. De hac vero querela, diem abbati et filiis Rainaldi Sicherii ut ante nos se præsentarent constituimus;

(1) Ou *de Ilice, de Iliz, de Elz* ou *Ilcio*, en vieux français *Sainct-Cybard-d'Elz*, et aujourd'hui Saint-Cybardeaux.

et, audita abbatis querela et eorum responsione, laudavimus et præcepimus ut abbas Sancti Eparchii produceret duos testes idoneos, qui percalcarent et monstrarent terram de qua possent jurare quod ipsi viderunt investitam ecclesiam, et sacerdotem ejusdem ecclesiæ, Joscelinum nomine. Facta itaque percalcatione, rursus ad determinatum diem et locum ante nos se præsentaverunt, producti testes qui percalcationem fecerant jurare voluerunt, filii Rainaldi Sicherii, in præsentia nostra, audientibus illis qui aderant, quod testes jurare volebant verum esse recognoverunt, et juramentum gratis et voluntate condonaverunt. Nos igitur, justitiam Dei considerantes et utilitatem ejusdem ecclesiæ attendentes, judicavimus, laudavimus quod (de) terra illa, de qua conquerebatur abbas Sancti Eparchii et capellanus, deinceps ecclesia Beati Eparchii de Elz quiete haberet et possideret, de cimiterio quoque, quia non est terra viventium sed defunctorum terra sacrata, terra ad sepeliendum et ad resurgendum destinata; laudamus, judicamus, confirmamus quod nichil ibi omnino debent habere nisi per misericordiam abbatis Sancti Eparchii et capellani et quo loco voluerint. Si autem contra hoc nostrum judicium et collaudationem venire temptaverint, nos eos a communione Sanctæ Dei Ecclesiæ ubique separamus, et sicut sacrilegos et perjuros quousque satisfaciant eos ubique excommunicavimus (1).

---

(1) Cartulaire de l'abbaye de Saint-Cybard. Nous ne donnons ici cette charte que parce qu'elle émane du vénérable fondateur de l'abbaye de La Couronne et qu'elle mentionne un serment juré sur l'autel de l'oratoire de Saint-Michel d'Entraigues, dont il est parlé dans notre Chronique.

On trouve dans le même cartulaire que, par suite de la sentence épiscopale prononcée par Lambert, les enfants de Rainauld Sicher, savoir : *Willelmus Poti, Ramnulfus Bofart, Bernardus Sicher, Goffredus Bornet* et *Petrus Rainaldi,* firent un accord avec le même Guillaume, abbé de Saint-Cybard, par lequel ils abandonnèrent toutes leurs prétentions sur les dépendances de l'église de Saint-Cybardeaux.

V

CHARTE DU MÊME,

ÉVÊQUE D'ANGOULÊME,

Concernant la terre de Moulède.

1143.

Ego Lambertus, inutilis et indignus minister Engolismensis Ecclesiæ, notum facio præsentibus et futuris concordiam quæ facta est in generali capitulo Ecclesiæ Beati Petri Engolismensis sedis, inter ipsam Ecclesiam et Ecclesiam Beatæ Mariæ de Corona, de terra et bosco quæ dicitur Moleda. Constitutum est itaque in præfato Beati Petri capitulo, et communi consilio canonicorum concessum est, ut quidquid juris Ecclesia Beati Petri in supradicta terra et bosco de Moleda habebat, totum ex integro a modo Ecclesia Beatæ Mariæ habeat et possideat, et Ecclesiæ Beati Petri et canonicis X solidos Engolismensis monetæ, per singulos annos, in festivitate Beati Petri quæ Cathedra appellatur censualiter reddat. Nos igitur concordiam istam laudavimus et confirmavimus, et in utroque capitulo confirmari fecimus, et cartulas de ista concordia factas et per cirographum divisas sigillo nostro muniri fecimus, et propria manu nostra in utraque subscripsimus, et ut canonici Beati

Petri et canonici Beatæ Mariæ propriis manibus subscriberent præcepimus. Facta est autem concordia ista anno Incarnationis Dominicæ M. C. XL. III, præsidente in cathedra Beati Petri domino Papa Innocentio secundo, et in Francia regnante rege Francorum Lodovico.

§ Calonis tesaurarii. § Vgonis cantoris. § Juliani. § Arnaudi de Sᵗᵒ Andrea. § Giraudi Rainaudi. § W. Audoini. § Bernardi Detren. § Bernardi Audoini. § Poncii. § Seguini Declam. § Johannis· de Botavilla. § Giraudi Datiac. § Giraldi de Folada. § Helyæ de Insula. § Ramnulfi de Mairinac. § Ramnulfi de Maunac. § Helias de la Moneda. § Rainaudi de Monte Berulfi. § Arnaudi canonici. § Iterii Constancii.

Ego Lambt⁹ inutilis et indign⁹ minister Engolmsis Ecclie ppria manu mea subscripsi † (1).

(1) H. 443. *Charte originale* sur parchemin ; hauteur 32 c. plus 7 c. 1/2 de pli, largeur 54 c. La pièce a été séparée de son double et coupée sur les mots *CONCORDIA DE MOLEDA*, écrits en caractères de plus de 4 c. de hauteur, dont la partie inférieure est demeurée à la charte que nous avions sous les yeux. Le sceau manque.

VI

BULLE DU PAPE LUCIUS II (1).

Propriétés, Priviléges et immunités de l'abbaye de La Couronne.

1143, *n. s* 1144.

Lucius episcopus servus servorum Dei, dilectis filiis Heliæ, abbati Ecclesiæ Sanctæ Mariæ de Corona, ejusque fratribus tam præsentibus quam futuris, regularem vitam professis, in perpetuam memoriam.

Venerabilium locorum cura nos ammonet eorum quieti et utilitati, auxiliante Domino, salubriter providere. Proinde dilecti in Domino filii venerabilis fratris nostri Lamberti episcopi vestri precibus inclinati, vestris justis postulationibus annuimus, et Ecclesiam Beatæ Mariæ de Corona in qua divino mancipati estis obsequio, cum omnibus ad ipsam pertinentibus, sub Beati Petri tutela suscipimus et præsentis scripti pagina communimus; statuentes ut quascumque possessiones et quæcumque bona eadem Ecclesia in

---

(1) Le pape Lucius II a siégé depuis le 12 mars 1144 (*n. s.*) jusqu'au 25 février 1145 (*n. s.*).

præsentarium juste et canonice possidet, aut in futurum concessione Pontificum, largitione Regum vel Principum et oblatione fidelium, seu aliis justis modis divino propitio poterit adipisci, firma vobis vestrisque successoribus et illibata permaneant.

In quibus hæc propriis nominibus duximus exprimenda, videlicet : ecclesiam Sancti Johannis Baptistæ, in cujus parrochia Ecclesia Beatæ Mariæ de Corona consistit, cum decima integra, cum terris, vineis, aquis et riberiis; molendina in aqua Boemiæ, decursus aquarum, fossata, riberias et terras; molendina de Longis Planchis; molendina de Brolio; feodum quod Fulco de Trilia habet ab abbate Sanctæ Mariæ de Corona, scilicet totum quod habet in Boemia et ultra Boemiam; ecclesiam Sancti Michaelis inter Aquas quæ est in parrochia Sancti Johannis; ecclesiam Sanctæ Mariæ de de Romanes, cum omnibus pertinentiis suis; locum super Nisonam qui dicitur Lemia, cum terris, pratis, riberiis, boscis, aquis, pascuis; ecclesiam Beatæ Mariæ de Agudella et ecclesiam Beati Petri de Salinac, cum omnibus earum pertinentiis, salva in eis canonica justitia Xanctonensis episcopi; grangiam de Brandario cum terris, pratis, pascuis et omnibus pertinentiis suis; grangiam de Magna Valle, cum terris, pratis, pascuis et cum esplech (1) de Clam; grangiam juxta Podium Capni (sic), cum terris, boscis, aquis, pratis, pascuis; terras de manso de Magnac, boscos et prata; culturam de Campo Alboini; culturam de Clota; culturam et prata de Oleta; culturam de Vadosene; terram quam dedit vobis Aldemarius (2) de Archiaco, apud Briam, pro salute animæ suæ

(1) *Esplech, Espleg, Esplecha*, etc., droit d'usage (Raynouard, *Lexique roman*). *Esplechia dicitur potissimum de nemoribus* (Charpentier, *Suppl. Glossarii Cangiani*).

(2) Il est nommé plus bas *Ademarus* dans cette même bulle. Nous avons vu une copie moderne de la charte, sans date, qui constate cette donation ; on y lit ces mots : *Ego Ademarus de Archiaco feci hæc supradicta dona Deo et supradictæ Ecclesiæ Sanctæ Mariæ, pro salute animæ meæ et parentum meorum, dum vellem ire Ierosolimam pro peccatis meis et pro mea pœnitentia* (H. 432).

filiique sui Ademarii; grangiam de Brolio, cum omnibus ad se pertinentibus, cum molendinis, aquis, pratis, riberiis, boscis, pascuis, culturis et omnibus redditibus suis; grangiam de Ligiazo, cum terris et boscis et omnibus ad se pertinentibus; prata de Anjac; prata inter Anjac et Castrum Novum; molendina et exclusam de Magnaco in flumine Tolveriæ (*sic*); in foreste de Roces et in foreste de Troïles omnia quæcumque necessaria fuerint fratribus de Corona, præter ad vendendum vel dandum; in bosco qui dicitur Defes, a septemtrione super Boemiam, quodcumque eis necesse fuerit ad coquendum et calefaciendum; culturam de Bria; prata et terras quas dedit Guillelmus Arradi pro commutatione culturæ de Lagort, juxta grangiam de Magna Valle; grangiam de Beuses, cum omnibus ad se pertinentibus; ecclesiam Beatæ Mariæ de Moleda, cum decimis et omnibus ad eumdem locum pertinentibus.

Concordiam vero quæ inter vos et canonicos Beati Petri Engolismensis in generali capitulo Ecclesiæ Beati Petri, præsentibus venerabili fratre nostro L. (Lamberto), Engolismensi episcopo, et canonicis ejusdem Ecclesiæ, abbate quoque et pluribus fratribus Ecclesiæ Beatæ Mariæ, de fraterna societate utriusque Ecclesiæ et de jam dicto loco qui dicitur Moleda, illam quoque quæ inter vos et Ecclesiam Beati Stephani Basciacensis de eodem loco rationabiliter facta est, per præsentis scripti paginam confirmamus; videlicet ut quicquid in eodem loco ad jus utriusque Ecclesiæ Beati Petri scilicet et Sancti Stephani pertinere videbatur, Ecclesia Beatæ Mariæ de Corona quiete habeat et X solidos Engolismensis monetæ Ecclesiæ Beati Petri et alios X Ecclesiæ Beati Stephani, sicut inter vos statutum est, annualiter solvat. Illam etiam quæ inter Ecclesiam Beati Eparchii et vos ipsos, præsente abbate et monachis, de decimis et de censu quæ habebant in borderia quæ est super Boemiam, religionis et pacis intuitu facta est, ratam manere censemus.

Sanccimus quoque ut privilegia Ecclesiæ vestræ a Romanis Pontificibus indulta futuris temporibus inviolabiliter conserventur; porro rationabiles consuetudines quæ ad honorem omnipotentis Dei

16

et sanctam religionem conservandam in eadem sunt Ecclesia consti-
tutæ et scripto firmatæ, nichilominus inviolabili stabilitate serventur.
Verum, si necessitas pro communi utilitate aliquid mutare compu-
lerit, id ipsum non nisi abbatis et communis capituli assensu atque
concilio fiat, ita tamen ut per hoc et sancta religio et salus animarum
nullum sustineat detrimentum. Præterea nullus ibi nisi clericus canonicus statuatur, nec clerico vel laico, post factam ibi professio-
nem, liceat ad aliam cujuslibet religionis optentu transire Ecclesiam
absque abbatis et aliorum fratrum licentia. Nullus etiam, qui canonicus in eadem Ecclesia fuerit, capellanus parrochialis ecclesiæ
fiat. Addicimus etiam ut vestra Ecclesia, præter illas in quarum
parrochiis loca illius fundata sunt, nullas alias parrochiales ecclesias
habeat. Ad hæc, ut liberius divinis famulantibus valeatis insistere,
simili modo sanccimus ut nulli archiepiscopo aut Engolismensi episcopo, invitis aut inconsultis fratribus, vel eo qui præest in ecclesiis
vestris, missas publicas liceat celebrare; ne forte, in servorum Dei
recessibus, popularibus occasio præbeatur ulla conventibus, neque
occasione colloquiorum communium sive judiciorum faciendorum,
seu ecclesiasticorum ordinum celebrandorum, vel quolibet alio modo,
quies fratrum ibidem Domino famulantium perturbetur; vel eadem
loca quibuslibet expensis seu frequentia hominum valeant prægravari,
ita ut nullus archiepiscopus aut Engolismensis episcopus, qui eadem
loca pro tempore visitaverit, sua auctoritate infringere aut mutare
præsumat. Præfatam etiam Ecclesiam de Corona vel fratres inibi
servientes Engolismensis episcopus gravari ab aliquo non permittat;
sed potius gravamen inferentes districtæ animadversationis sententia
remota frustratoria dilatione percellat. Constituimus insuper ut de
nutrimentis aut laboribus vestris quos propriis sumptibus excolitis
nullus a vobis decimas exigere aut accipere audeat. Porro in vendendo res vestras vel emendo alienas, seu transeundo per loca ditioni
eorum subdita, cujuslibet consuetudinis optentu, nichil a vobis vel a
vestris subditis exigatur, quemadmodum ab illustribus viris Vulgrino,
Engolismorum comiti, et aliis baronibus, institutum esse cognoscitur.

Sane quod ab eodem Vulgrino, Engolismensi comite, et Ademaro de Archiaco, vel aliis baronibus concessum est, videlicet ut quicumque de feodo eorum possessiones suas vestræ daret Ecclesiæ, quicquid consuetudinis vel juris idem barones ibi haberent deinceps vestra Ecclesia futuris temporibus libere et quiete haberet, ratum habemus et præsenti decreto firmamus. Nulli ergo hominum fas sit vos vel Ecclesiam vestram super hac nostra constitutione temere perturbare, aut ejus possessiones aufferre, vel abbates retinere, minuere, seu quibuslibet molestiis fatigare ; sed omnia integra conserventur eorum pro quorum gubernatione et sustentatione concessa sunt usibus omnimodis profutura. Si quis igitur in posterum contra hanc nostræ constitutionis paginam temere venire temptaverit, secundo tertiove commonitus, nisi congrue satisfacerit, omnipotentis Dei et Beatorum Apostolorum ejus Petri ac Pauli indignationem incurrat; conservantes autem hæc eorumdem Apostolorum benedictionem et gratiam consequantur.

In circulo :

Scs	Scs
Petrus	Paulus
Lv	civs
PP	II

et circum :
Ostende nobis
Dne miscdiâ tuam.

Amen ; Amen ; Amen ;

Ego Lucius catholice eccle eps;

In monogrammate :

Bene valete.

(*Cardinalium et episcoporum sequuntur subscriptiones XVII.*)

Dat. Laterani per manum Baronis capellani... (*diem mensis vetustas delevit*)... Indictione VII et Incarnationis Dominicæ anno MCXLIII, pontificatu vero domni Lucii II anno I (1).

(1) H. 427. *Bulle originale* sur parchemin ; hauteur 81 c. et 3 c. de pli, largeur 56 c. Il ne reste que le cordon de soie verte qui attachait la bulle de plomb.

Cette bulle pontificale est très-importante en ce qu'elle nous présente la nomenclature complète des propriétés et des priviléges que possédait l'abbaye dès les vingt premières années de son existence. Nous connaissons et

VII

CHARTE DE GUILLAUME IV TAILLEFER,

COMTE D'ANGOULÊME,

Et de ses deux fils Wlgrin III et Guillaume V,

Concernant la forêt de Marange (1).

1163.

Ne posteris veniat in dubium cognitio præsentium, quando fiunt scriptis commendantur, testibus roborantur, signis muniuntur. Proinde ego W^mus Talafer, Comes Engolismensis, filius Wlgrini Comitis, notum facio præsentibus et futuris in perpetuum quod, cum tota Merengia major, nemus et planum, cultum et incultum, tota, inquam, integraliter moveret a me, et Arnaldus Bocardi a me totam eam haberet, ego cum assensu et voluntate ejusdem Arnaldi Bocardi, pro salute animæ meæ et parentum meorum, dedi et concedi Deo

nous avons même copié un grand nombre d'autres bulles, depuis la première moitié du XIIᵉ siècle jusqu'à celle du XVIIᵉ; mais, comme elles n'offrent qu'un intérêt secondaire, nous renonçons à leur publication.

(1) La forêt de Marange (*Marengia* ou *Marangia*), dans les communes de Hiersac, Moulidars, Douzat et Mérignac.

et Ecclesiæ Beatæ Mariæ de Corona et fratribus in ea omnipotenti Domino servientibus, in manu domni Junii, ejusdem Ecclesiæ abbatis, totum ex integro quicquid in prædicta Merengia habebam, et quicquid ibi ad me pertinebat; ut, sicut antea a me movebat, sic deinceps ab abbate et Ecclesia de Corona moveat, et sicut a me antea habebatur, sic deinceps ab abbate et Ecclesia de Corona habeatur. Hoc tantum ibi retinui, ut homines mei de Vilars faciendam suam et pascua pecorum suorum non perdant in nemore, nec non et homines de Molidarno habeant ibi pascua pecorum suorum, quia aliam faciendam ibi non habent. Tamen nec homines de Vilars nec homines de Molidarno hoc habebunt in toto nemore, si ad arbitrium et cognitionem Heliæ Frumentini ostenderetur eis pars nemoris in qua hoc habeant, ne sint impedimento maisnamentis fratrum de Corona et clausuris, nemori quoque quod sibi et pecoribus suis juxta se defendere voluerint, vineis quoque et viridariis atque ortis et aliis quæ viris religiosis ad quietem et pacem conservandam sunt necessaria. Ita dedi et concessi ego W. Comes; ita dederunt et concesserunt filii mei Wlgrinus et W. Talafer; et ad majorem certitudinem omnes in hac carta propriis manibus subscribentes signum Sanctæ Crucis impressimus.

Acta sunt hæc apud Engolismam, in domo Ramnulfi aurifabri, anno ab Incarnatione Domini M°. C°. LX°. III°., præsidente Romano pontifice domno Alexandro Papa III°, Petro Engolismensi episcopo, Ludovico rege Francorum, Henrico rege Anglorum, duce Aquitanorum. Hujus donationis testes sunt Kalo archidiaconus Engolismensis, Petrus prior Coronæ, Helias Frumentini, Iterius Geraldi, Petrus Auberti. Sic fecimus Engolismæ.

Postea venimus ego et prædicti filii mei Wlgrinus et W. Talafer in generale Capitulum Beatæ Mariæ de Corona, ubi, sicut antea dederamus, ita dedimus et concessimus omnibus fratribus tam præsentibus quam futuris in perpetuum. Inde totus Conventus fratrum, et hii qui nobiscum advenerant, intravimus ad altare Beatæ Mariæ, ubi ego et sæpe dicti filii mei, cum carta in qua signa

nostra propter hoc impresseramus, hoc donum super altare Beatæ
Mariæ obtulimus. Hujus rei testes sunt domnus Junius abbas, Petrus
Prior et totum Capitulum de Corona, nec non Kalo Archidiaconus,
W. de Roca (Chanderici) dominus Coenziaci (*alias* Jonziai), Rot-
bertus Fulcherii, Iterius Geraldi, Petrus Auberti, W. de Borno,
filius Landrici Vicarii.

§ Comitis W ✕ Talafer   §W ✕ Talafer filii ei⁹
§ uul ✝ grini filii eius

Actum Engolismæ, in domo Ramnulfi aurifabri. Testes sunt doni
Kalo archidiaconus, Petrus prior de Corona, Helias Frumenti, Iterius Geraldi, Petrus Auberti. — Testes in capitulo fratres omnes,
Kalo archidiaconus, W de Rocha (Chanderici), Rotbertus Fulcherii, Iterius Geraldi, Petrus Auberti, W. de Borno, filius Landrici
vicarii, et plures alii (1).

---

(1) H. 436. *Charte originale* sur parchemin ; hauteur 38 c., largeur 35 c.
Le sceau manque.

Les signatures sont celles de Guillaume IV, comte d'Angoulême ; de
Wlgrin III, son fils, qui lui succéda en 1177, et de Guillaume V, son
autre fils, qui fut aussi comte d'Angoulême en 1180. Voir la seconde note
de la charte suivante d'Adémar Taillefer.

Mentionnons : 1° une charte originale du même Guillaume IV, sans
date, en grande partie effacée, sur le dos de laquelle est écrit *De libertate
Coronæ*, et signée ainsi : Comitis. On y lit ces mots : *Factum autem est
donum, pro infirmitate quadam nostri, apud Archiacum* (H. 436); — 2° une
autre charte, imprimée à part sur un feuillet in-4, dont nous n'avons pas
retrouvé l'original, conçue à peu près dans les mêmes termes que celle
que nous venons de publier plus haut et signée des mêmes personnages.
Elle est relative à divers droits et franchises qu'ils abandonnent aux abbés et
religieux de La Couronne, et est ainsi datée : *Acta sunt hæc apud Tolveram, mense Januarii, anno Domini millesimo centesimo septuagesimo tertio,
præsidente Romano pontifice domno Alexandro papa III, Petro Engolismæ
episcopo, Ludovico rege Froncorum, Henrico rege Anglorum, duce Aquitanorum.*

VIII

CHARTE D'ADÉMAR TAILLEFER,.

COMTE D'ANGOULÊME,

Concernant les libertés et immunités de l'Abbaye de La Couronne.

(Sans date.)

Ego Ademarus Dei gratia comes Engolismensis, filius W¹ Cædentis Ferrum et frater Wlgrini comitis, notum fieri volo omnibus præsentibus et futuris fidelibus et cunctis hæredibus ac successoribus meis in perpetuum, quod ego in tota domo de Corona vel in membris ejus, ecclesiis videlicet aut grangiis, aliquam exactionem sive consuetudinem de jure non habeo nec debeo habere ; immo vere profiteor dictam Ecclesiam cum suis pertinentiis a me et a cunctis comitibus Engolismensibus debere esse liberam et immunem ; ita quod dominium, sive servitium aut procurationem, vel aliam quamlibet exactionem ibi prorsus non habeamus, nec fratribus dictæ domus contra voluntatem ipsorum quicquam agere vel imponere debeamus. Hoc in veritate ita esse recognovi et confirmavi, atque ad majorem evidentiam et certitudinem, cartulam istam, quæ hujus meæ recognitionis continet veritatem, sigilli mei feci auctoritate muniri (1).

(1) H. 457. *Charte originale* sur parchemin ; hauteur 12 c., largeur 23 c. Le sceau manque.

Boutroys, qui a transcrit cette charte d'une manière inexacte, prétend

(*Histoire de l'Eglise de La Couronne*, copie ms. de 1640, fol. 58) que Corlieu s'est trompé en faisant Adémar fils de Guillaume IV, et il le croit fils de Wlgrin III et frère d'un prétendu Wlgrin IV, comte de la création de ce triste compilateur; mais son raisonnement n'est fondé que sur une fausse lecture de la suscription de la charte, où les mots *filius Wi* (*filius Willelmi*) ont été interprétés par *filius Wlgrini*. Le même écrivain nous assure encore avoir vu une charte de Wlgrin III, de l'an 1163, où il se qualifie de comte d'Angoulême, bien qu'il soit certain que son père Guillaume IV ne soit décédé qu'en 1177: c'est une nouvelle erreur, causée par la même fausse lecture; Boutroys a vu dans le commencement de la pièce l'abréviation *Wmus*, et il l'a rendue par *Wlgrinus*. Voir la charte précédente de Guillaume IV et remarquer aussi les signatures.

Dans une charte originale de *Robbertus*, archidiacre de Saintes, datée *mensi octobri anno Domini Mo. CCo. quinquagesimo primo*, on relate, ou plutôt on transcrit littéralement, une autre charte sans date, par laquelle Adémar, comte d'Angoulême, avait donné à l'abbaye de La Couronne *quicquid habebat in toto mesuratgio bladi de Archiaco*, etc. (H. 439).

IX

CHARTE DE HUGUES Iᵉʳ DE LUSIGNAN (1),

COMTE D'ANGOULÊME,

Et d'ISABELLE TAILLEFER, sa femme,

Concernant la dîme sur la levée de l'étang de Saint-Michel-d'Entraigues (2).

1226.

Hugo de Leziniaco, comes Marchiæ, et Hysabella uxor sua, Dei gratia regina Angliæ, comitissa Marchiæ et Engolismæ, universis Christi fidelibus ad quos præsentes litteræ pervenerint, salutem, et veritati testimonium perhibere universitati vestræ sub hujus scripti testimonio innotescat, quod cum Ecclesia de Corona, in terra quæ est subtus stagnum, quod constructum est prope Sanctum Michaelem de Inter Aquas, ex una parte levatæ ejusdem stagni, totam decimam

---

(1) Hugues de Lusignan était Xᵉ comme comte de la Marche et Iᵉʳ comme comte d'Angoulême.

(2) « Auprès d'Angoulême, à peu de distance de Loisellerie, ils (Hugues « et Isabelle) firent faire l'étang nommé de Saint-Michel, où ils faisaient « élever des cygnes; il est depuis plus d'un siècle comblé, et forme une « prairie appelée de l'Étang. » (P. 341 du tome Iᵉʳ de l'*Histoire d'Angoumois*, par Louis Desbrandes, 2 vol. in-4, 1816, Manuscrit de la Bibliothèque publique d'Angoulême.)

17

illius terræ et ex altera parte medietatem haberet, et nos in parrochia
Sancti Johannis de Paludibus jus haberemus, tam nobis quam Vitali
tunc abbati et conventui de Corona placuit permutationem facere de
prædictis. Ita quod prædicti abbas et fratres de Corona quicquid juris habebant in terra quæ est subtus stagnum præmissum, sicut extenditur ipsum stagnum, vel futuris temporibus per inundationem
aquarum extendetur, nobis et hæredibus nostris quitaverunt et habendum perhenniter concesserunt. Nos vero quicquid·juris in parrochia Sancti Johannis de Paludibus, tam in terris cultis quam incultis,
tam in planis quam nemoribus, tam in expletis quam censibus, tam
in consuetudinibus quam servitiis, sive in quibuslibet aliis in prædicta parrochia consistentibus quocumque nomine censseantur, cum
omni jure quod habebamus in manso qui mansus de Sellac vulgari-
ter appellatur et est in parrochia de Torciaco, inter Torciacum et Vaolium, cum omni integritate,.dedimus et concessimus Deo et Ecclesiæ Beatæ Mariæ de Corona et fratribus ibidem Deo pro tempore
servituris, habendum perhenniter et pacifice possidendum, promit-
tentes et firmiter concedentes nos facturos Ecclesiæ Sanctæ Mariæ
de Corona in prædictis omnibus, contra impetitorem quemlibet, secundum jus garimentum. Actum publice in cimiterio Sancti Johannis
de Corona, anno gratiæ Mᵒ. CCᵒ. XXᵒ. VIᵒ sub his testibus : Helia
priore de Corona et Iterio capellano Sancti Johannis, presbyteris;
Ancherio de Viron (3) tunc seneschallo nostro Engolismensi, et Gaufrido de Botavilla, militibus; Guillelmo Fucaldi tunc præposito Engolismensi et pluribus aliis. Ut autem hæc permutatio plenum robur
obtineat perpetuæ firmitatis, eam conscribi et sigillorum nostrorum
fecimus munimine roborari, et etiam, ad ipsam firmitatem solidius
obtinendam, sigillum Ecclesiæ Beatæ Mariæ de Corona fecimus apponi (3).

(3) H. 426. Insérée, avec deux autres, dans une grande charte *originale*
sur parchemin de Hugues de Lusignan, comte de la Marche (XII) et
d'Angoulême (III) et seigneur de Fougères, ainsi datée : *Actum et datum*

apud Engolismam, die Lunæ post festum Annunciacionis Beatæ Mariæ, anno Domini millessimo ducentesimo sexagesimo ......o, mense Marcii. Hauteur 73 c., largeur 35 c. Le sceau manque.

Cette grande charte de confirmation contient :

1" La charte de Hugues et d'Isabelle, de 1226, que nous venons de transcrire ;

2° Une seconde charte des mêmes personnages, datée : *Datum et actum apud Compniacum, die Jovis post festum Beatæ Mariæ Magdalenæ, anno Domini M°. CC°. quadragesimo,* et confirmant plusieurs donations faites à l'abbaye de La Couronne par un habitant d'Angoulême, nommé *Ademarus de Sancto Andrea, miles,* de tout ce qu'il possède *ab ecclesia Sti Michaelis Inter Aquas versus abbatiam de Corona,* ainsi que son mas de Laribière: *massum meum de Lariberia, cum omnibus pertinentiis suis, quod est prope Engolismam, inter ulmum de La Crocilha et fluvium Carantonis, prout extenditur ad rivum de Anguena* (voir une charte originale s. d. du même *Ademarus de Sto Andrea,* H.463);

3° Une charte de *Securus de Castro Novo senior, miles,* datée *in festo Beati Hylarii, anno Domini M°. CC°. L^{mo} septimo,* et par laquelle il donne à l'abbaye ce qu'il possède *in mansso de Sellac et ejus pertinentiis, sito in parrochia de Torciaco,* etc. La charte originale de *Securus* se trouve dans la série H. 449, et il en existe une autre plus ancienne portant cette suscription : *Ego egurus, filius Fulconis Barbosta de Castro Novo,* s. d, mais du temps de l'abbé Robert (H. 432).

X

CHARTE DES MÊMES,

Concernant une donation, en réparation des dommages et injures

de PETRUS RAMNULPHI *de Châteauneuf* (1).

1238.

Hugo de Lezin., comes Marchiæ et Engolismæ et Hysab., Dei gratia regina Angliæ, comitissa Marchiæ et Engolismæ, omnibus has

---

(1) *Petrus Ramnulfi,* qui fait ici amende honorable, était fils de *Landricus Lomechis,* ainsi qu'on le voit quelques lignes plus bas ; mais il ne se nommait pas Pierre, fils de Ramnulphe, comme l'a imprimé un écrivain qui a cité la charte sans l'avoir lue. Le nom de *Ramnulfi* au génitif était celui d'un personnage marquant, dont les descendants honoraient la mémoire en le prenant pour nom de famille, selon l'usage de ces temps là ; et nous connaissons, vers la même époque, plusieurs membres de la même lignée : *Helias Ramnulfi, Geraldus Ramnulfi de la Truncheda, Petrus Ramnulfi de Aiarnac, Willelmus Ramnulfi,* etc. Cette habitude s'est conservée jusqu'à nos jours, sans que l'on s'en explique l'origine ; il n'est pas rare de rencontrer encore des d'Adémar, d'Aimar, d'Aubert, de Jean, de Pierre, de Rémond, de Rémy, de Renauld, de Robert, etc, c'est-à-dire des descendants d'Adémar, d'Aimar, de Jean, etc.: c'est souvent une preuve de noblesse, c'est toujours un signe d'ancienneté.

litteras inspecturis salutem et pacem. Noverint universi quod P. Ramnulphi, miles de Castro Novo, recognoscens se maledictum et excommunicatum fuisse ad instantiam abbatis et conventus de Corona, propter dampna et injurias non modicas quas ipse et Landricus Lomechis, pater suus, quondam in rebus Ecclesiæ de Corona dicebatur actenus intulisse, intuentu pacis et concordiæ factæ de prædictis dampnis et injuriis inter ipsos, dedit et concessit Deo et Ecclesiæ Beatæ Mariæ de Corona, pro salute animæ suæ et patris sui necnon parentum suorum, in recompensatione dampnorum et injuriarum illatarum a se et a patre suo dictæ Ecclesiæ de Corona, IIIIor quarteria pratorum, contigua cum pratis Heliæ Roil militis de Botavilla, et tria quarteria quæ vocantur prata Preverau, contigua cum pratis Heliæ Popelli, quæ omnia sita sunt in insula Dominica. Voluit enim dictus miles quod dicta Ecclesia, et illi qui pro tempore fuerint in eadem, perpetuo habeant, possideant et teneant dicta prata pacifice et quiete. Et nos, de quorum dominio dicta prata movere noscuntur, donationi consensimus antedictæ; unde ad preces et instantiam dicti Petri Ramnulfi militis, sigilla nostra præsenti cartæ fecimus apponi in testimonium rei gestæ. Actum et datum apud Xancton., IIIª feria ante festum Beatæ Mariæ Magdalenæ, anno Domini Mº. CCº. XXXº. VIIIJº (2).

(2) H. 454. *Charte originale* sur parchemin; hauteur 14ᶜ 1/2 et 2ᶜ1/2 de pli, largeur 20ᶜ 8ᵐ.

XI

CHARTE DE HUGUES III DE LUSIGNAN (1),

COMTE D'ANGOULÊME,

Concernant les priviléges, immunités et libertés de l'abbaye de La Couronne.

1267.

Hugo de Lezignaco, comes Marchiæ et Engolismensis, ac dominus Fulgeriarum, universis Christi fidelibus ad quos præsentes litteræ pervenerunt, salutem. Universitati vestræ sub hujus scripti testimonium innotescat : Quoniam Ecclesia Beatæ Mariæ de Corona, quæ sita est in comitatu nostro et in castellania Angolismensi, multas immunitates, privilegia et libertates, tam in capite quam in membris, habuerit a prædecessoribus nostris, de quibus fuimus et sumus debite informati ; nos vero, volentes abbatem et religiosos dictæ Ecclesiæ in suo proposito laudabili confovere, ut libentius divinis possint vacare, ipsa privilegia, immunitates et libertates confirmavimus, et seriem præsentium confirmamus ; dantes insuper prædictis abbati et religiosis, nec non eorum hominibus in parochia de Corona dicti loci commorantibus, immunitatem ab omni gardia, talia et pedagio seu passagio, et venditionibus, et ab omni excubia. Volumus dictos ab-

---

(1) Hugues de Lusignan, seigneur de Fougères, était XIIe comme comte de la Marche, et IIIe comme comte d'Angoulême.

batem et religiosos cum suis hominibus defendi ab omnibus injuriis, vexationibus, inquietationibus et perturbationibus malignantium ; in vendendo et emendo, eundo et redeundo, seu quovis alio modo negotiationes suas faciendo, liberi sint et absoluti ab omni omnino consuetudine. Res suas omnibus futuris temporibus absolvimus prorsus et liberamus. Nec non etiam abbati et religiosis confirmamus justitiam, omnimodam juridictionem, altam, bassam, mixtam et mediam, in tota eorum terra et in suis hominibus, quam juridictionem antiquitus consueverunt habere, dempta solummodo executione quæ nobis competebat et adhuc competit in dicta alta juridictione, quam executionem pro nobis et nostris retinemus, prout est fidei consuetum. Dona etiam, immunitates et privilegia omnia, a prædecessoribus Engolismensibusque Comitibus ipsis abbati et religiosis et monasterio eorum concessa, pro salute animarum suarum, ad honorem Dei laudamus, concedimus integre et confirmamus, volens in suo robore et firmitate perpetuo remanere Mandantes omnibus et singulis officiariis nostris, in dicto nostro comitatu existentibus, qui nunc et pro futuro tempore erunt, ut de dicto nostro dono et confirmatione, prout in nostris litteris continetur, dictos abbatem et conventum dimittant penitus gaudere, et unquam in contrarium aliquid non permittant facere nec allegare. In cujus rei testimonium damus eisdem abbati et conventui, pro nobis et nostris successoribus, præsentes litteras sigillo nostro sigillatas. Datum apud Tolveram, Dominica post festum Beati Michaelis, anno Domini millesimo ducentesimo sexagesimo septimo. Hoc autem nostræ constitutionis decretum, et libertatis Ecclesiæ Beatæ Mariæ de Corona privilegium, cum omnibus donis suis et pertinentiis, non solum nostris temporibus, verum etiam temporibus omnium successorum nostrorum, ratum et firmum vivere in perpetuum stabilimus, confirmamus et approbamus (1).

(1) Nous avons transcrit cette charte sur plusieurs *vidimus* authentiques, et nous en avons trouvé aussi une copie imprimée à part sur un feuillet in-4°. Il nous est tombé également sous la main les deux chartes originales sui-

vantes : 1º *Hugo Bruni, comes Marchiæ et Engolismensis ac dominus Fulge-riarum, et Guido de Leziniaco, dominus de Compniaco, de Archiaco et de Merpisio…. Datum mense Januarii, anno Domini millesimo CCº octogesimo.* — 2º *Guido de Lezinhyaco, dominus de Compniaco, de Archiaco et de Merpisio…. Anno Domini Mº. CCº. septuagesimo quarto* (H. 439). Par ces deux titres, Hugues de Fougères et Guy, son frère, cèdent à l'abbaye de La Couronne les droits qu'ils avaient dans la châtellenie d'Archiac, *exceptis tamen quatuor juribus principalibus, videlicet homicidio, furto, oppressione mulierum per violentiam et infractione stratæ publicæ.*

Le fils aîné de Hugues III, dit de Fougères, celui qui prit possession en 1282 du comté d'Angoulême, sous le nom de Hugues IV, avait aussi donné à l'abbaye le droit de pacage dans le Breuil d'Archiac, *anno Domini millesimo CCº octuagesimo* (H. 454). Il ne prend alors que le titre de *Hugo de Leziniaco, dominus de Compniaco, de Merpisio et de Archiaco;* ce qui semblerait prouver qu'il avait déjà succédé dans cette châtellenie à Guy, son oncle ci-dessus nommé, dont Corlieu ne place pourtant le décès qu'en 1288.

Pour en terminer avec les Lusignan qui ont eu quelques rapports avec l'abbaye de La Couronne, nous devons mentionner une charte originale portant pour suscription : *Hugo de Lezinhaco, Dei gratia comes Marchiæ et Engolismæ,* et confirmant le don du moulin de *Cogousac,* fait au monastère par *Gaufridus de Archiaco…. datum apud Jarnacum, die Jovis post festum (Beati) Barnabæ apostoli, anno Domini millesimo ducentesimo quinquagesimo tertio.* (H. 454). Cette charte ne peut convenir qu'à Hugues II, comte d'Angoulême, et il n'y prend pas le surnom de *Bruni,* tandis qu'il se trouve dans la charte de Hugues III, dit de Fougères, de l'an 1280, citée au commencement de la présente note. Corlieu n'était donc pas très-sûr de ce qu'il avançait, dans son chapitre XVI du liv. I, sur la manière de distinguer nos quatre souverains de la maison de Lusignan. Il est certain que ce surnom de *Bruni,* si commun dans les deux séries des comtes de la Marche et d'Angoulême, depuis Hugues qui vivait en 1030 jusqu'à Hugues IV (XIII), décédé en 1303, ne peut fournir aucune donnée pour le classement des chartes et des monnaies qui ne portent pas d'autre indication positive.

XII

CHARTE D'ITIER POITEVIN,

ET DE SES DEUX FILS (1).

Ils · donnent à l'abbaye de La Couronne tout ce qu'ils possèdent dans le manse · de Lamblardie (2).

XIIᵉ siècle.

Ego Iterius Pictavis, et ego Helias et ego Iterius, filii ejus, notum facimus præsentibus et futuris quod, pro salute nostra, dedimus Ecclesiæ de Corona totum quod habebamus in manso de Lamblardia ; ita quod nec nos nec successores nostri de cætero ali-

(1) Les Itier de Villebois (*de Villaboe*, ou *de Villaboen*, ou *Villaboensis*, ou *de Villabovio*, ou *de Villaboye*), connus dans l'histoire de notre province depuis la première moitié du XIIᵉ siècle, nous paraîtraient avoir quelque rapport de parenté avec cet Itier Poitevin et ses enfants, auteurs de la présente charte, et l'on pourrait citer à cette occasion un passage de l'*Historia Pontificum et Comitum Engolismensium* (page 54 de notre édition), où il est parlé de la tour des Poitevins (*turris quæ dicitur Pictavinorum*), qui se trouvait dans l'enceinte du château de Villebois, du temps de Wlgrin II Taillefer, comte d'Angoulême de 1120 à 1140.

(2) Le manse (*mansus*) « comprenait une certaine étendue de terres, avec « une habitation et les autres bâtiments nécessaires à l'agriculture » (Gué-

18

quid ibi quæramus. Ad hujus doni confirmationem, in præsenti carta signum Crucis impressimus. Ego Iterius Pictavis et ego Helias filius ejus, fecimus hoc donum in cimiterio de Rosenac, in manu abbatis de Corona, videntibus fratribus Arnaldo Aimerici, Richardo et Aimerico de Asneriis.

```
 § Iterii|
 _____|_____
         |
 Pictavi|Helie
         |
    filii ei9
```

```
        |
  §   |Iterii
_____|_____
      |
      |filii ei9
```

Au dos est écrit : Ego Iterius, filius Iterii Pictavi, feci hoc donum, apud Charmen, in manu Arnaldi Aimerici, prioris de Podio Fulcaudi. Testes sunt Ado de Montemaurelli (1), Aimicus de Valle, W9 Ramnulfi, et plures alii (2).

---

rard, *Cartulaire de l'abbaye de Saint-Père de Chartres,* t. I, p. xxviij). Celui de Lamblardie, situé dans la commune de Gardes (*de Ygardia*), appartient aujourd'hui à M. Justin Bourrut-Lagauterie, maire de la petite ville de Villebois-La-Valette.

(1) Le nom d'*Alo de Montemaurelli* a appartenu à plusieurs personnages que nous trouvons de 1075 à 1260.

. (2) H. 463. *Charte originale* sur parchemin; hauteur 10 c., largeur 7 c. Elle est une des plus petites que nous connaissions, et n'a jamais eu de sceau.

XIII.

CHARTE DE GUILLAUME DE LA-ROCHE-CHANDRY.

Il cède ses droits dans la paroisse de Saint - Jean - de - La - Palud,
pour la fondation d'un Anniversaire.

1233.

Ego Guillelmus de Rupe Chanderici, miles, dominus ejusdem loci, Engolismensis diocesis, et de Jonziaco, Xantonensis diocesis, notum facio præsentibus et futuris quod ego dictus dominus de Rupe et de Jonziaco do et concedo ex nunc, pro salute animæ meæ et uxoris meæ parentumque meorum, in perpetuum, in eleemosynam Ecclesiæ Beatæ Mariæ de Corona, in manu domini prædictæ Ecclesiæ abbatis, quidquid juris, actionis, possessionis, quæstionis, proprietatis, dominii directi et utilis habeo aut habere possum et debeo in parochia Sancti Johannis de Paludibus, sive jus illud consistat et consistere possit in terris, vineis, deveriis, redditibus, vendis, honoribus, jurisdictione, agreriis, pascuis, nemoribus, pratis, riperiis, videlicet in media parte riperiæ Chanderici, quæ ab antiquo est de dicta Ecclesia, et in rebus et juribus aliis quibuscunque in prædicta parochia sint. Præterea dono et concedo prædictæ Ecclesiæ pedagium quod consuevi levare et percipere supra pontem de Conrada in prædicta parochia; jusque etiam venationis

et usus atque expletum venandi in castellania mea de Rupe Chanderici cum retibus cujuscumque formæ et cum aliis omnibus et singulis
rebus et instrumentis ad hoc necessariis et opportunis, abbati et
religiosis, hominibus ipsorum per ipsos missis et sucessoribus suis,
in perpetuum, tenore præsentium litterarum, do et concedo. Et hoc
ut dicti domini abbas et conventus et successores sui teneantur in
futurum anno quolibet facere duo anniversaria pro salute animæ
meæ et uxoris meæ parentumque meorum : videlicet unum in crastinum Beati Remigii, cujus corpus jacet in capella de Rupe Chanderici (1), et aliud in crastinum Nativitatis gloriosæ Virginis Mariæ,
in cujus honore dictum monasterium est mirifice fundatum; et in
quolibet anniversario dictus conventus post missam tenebitur facere
visitationem supra sepulturam prædecessorum meorum qui sunt in
cœmiterio canonicorum contra parietem dictæ ecclesiæ in parte
sinistra (2). Acta fuerunt hæc apud Coronam in capitulo generali ,

(1) Nous connaissons plusieurs saints portant le nom de Rémi ; mais il
nous serait impossible de désigner celui dont le corps reposait dans la chapelle de La-Roche-Chandry. Nous pourrions citer quelques exemples où le
mot *corpus* est pris dans le sens de *reliquiæ*.

(2) On lit dans une charte écrite, vers l'an 1180, du temps de l'abbé
Jean de S.-Val : *Willelmus de Rupe..., pro salute Willelmi de Rupe filii mei,
qui se in extremis suis in eadem Ecclesia reddidit in pauperem Xpi, atque ibidem inter fratres defunctos ejusdem Ecclesiæ sepulturam accepit ; volui siquidem
ut, pro salute animæ prædicti filii mei, in ecclesia Beatæ Mariæ lampas una
die ac nocte de his quæ ibi darem assidue posset ardere, et propter hoc dedi ei
tria quarteria prati quæ babebam supra vadum Curadæ in amnem Trisii....*
(H. 464).

Il ne faut pas confondre cette sépulture, fondée dans le cimetière des
moines, avec celle dont parle Boutroys, c'est-à-dire avec le tombeau élevé
et couvert d'un arceau ouvragé, placé vers le septentrion, à l'extérieur du
mur du chœur, et passant pour être celui d'un baron de La-Roche-Chandry
qui avait donné de grands biens à cette abbaye. (Voir le plan de l'église joint
à notre publication.) Une tradition injurieuse, que nous avons recueillie sur les
lieux, apellait ce tombeau *la Chapelle du Sot*, et racontait que les moines
avaient promis au seigneur de La-Roche-Chandry autant de place dans le

die Lunæ post festum Beati Barnabæ apostoli, præsentibus Helia priore claustrali et Raymundo priore de Monasteriis (1), domino Johanne de Faya capellano dictæ ecclesiæ, Alano de Forgia domino ejusdem loci, Taillefer de Cosis domino de Rupe Cheraudi (*melius* de Rupe Heraudi), militibus, et pluribus aliis. Et ad majorem vero hujus donationis certitudinem et evidentiam, sigillum nostrum apponere feci, die quo supra, anno Domini millesimo ducentesimo tricesimo tertio (2).

ciel qu'il leur en donnerait sur la terre. Pareille absurdité a circulé et circule encore contre Wardrade, seigneur de Jarnac, et Rixandis, sa femme, fondateurs de l'abbaye de Bassac au commencement du onzième siècle.

(1) Le prieuré de Mouthiers dépendait de l'abbaye de Saint-Martial de Limoges, et lui avait été donné, dès 1094, par un Guillaume de La-Roche-Chandry.

(2) Nous avons transcrit cette charte, en y faisant quelques légères corrections, d'après une copie imprimée à part avec traduction sur une demi-feuille in-4°. Cet imprimé du XVIIᵉ siècle avait été fait sur une copie manuscrite de l'an 1448, au bas de laquelle on lisait : *Sic est pro copia, et in Auditorio causarum judicialiter collatione facta cum originali;* et au dos : *Die quarta Julii, anno Domini millesimo quadringentesimo quadragesimo octavo, præsentibus Petro, abbate dicti monasterii, fratre Campoto priore et regenti, domino Joanne Olivelli, Helia Seguini, Petro Gallioti, presbyteris; fratre Roberto Vigier, Geraldo Charlon, et Laurentio du Mergue et Helia Artaudi, clericis, duplici cera viridi et cordula fili albi, sigillo vero integro, in nomine Domini. Amen.*

La charte de 1233 est suivie, dans l'imprimé, de la traduction d'un Accord, passé le mardi d'après l'octave de la S.-Michel de l'an 1287, par-devant Gérald, doyen d'Angoulême, entre les enfants d'Alain de l'Isle et Élie Seguin, abbé de La Couronne, dans lequel un autre Guillaume de La-Roche-Chandry est aussi mentionné : nous pensons que ce dernier était le fils de l'auteur de la charte et le frère aîné de Guillaume de La-Roche-Chandry, abbé de La Couronne de 1268 à 1275.

XIV.

LISTE ABRÉGÉE ET CHRONOLOGIQUE

De quelques personnages non mentionnés dans la Chronique, qui ont eu

des relations avec l'abbaye, antérieurement à la fin du XIIIe siècle (1).

1163. — W^{mus} Testaudi, filius Rigaudi de Berbezillo (H. 429).

1166. — Willelmus Iterii de Irciaco (H. 436).

1170. — Otgerius de Peudrit (H. 436).

1181. — Helyas de Insula , dominus Fani de Syrolio (H. 447).

1188. — Helias Rigaudi , miles de Monte Maurelli, filius Rigaudi
Ademari... apud Podium Focaudi (H. 441).

1190. — Iterius Fulcaudi de Aiarnaco Campaniæ (H. 436).

1192. — Ramnulplus de Engolisma (H. 432).

1197. — Odo Rothlandi (H. 441).

1220. — Draco de Monte Auserio (H. 439).

---

(1) Nous aurions pu faire cette liste beaucoup plus considérable et plus
détaillée ; mais notre publication n'est pas un cartulaire , et nous avons dû
nous borner à choisir quelques noms dans les nombreux documents qui nous
ont passé sous les yeux.

1220. — Iterius de Villaboe, miles, dominus de Borzac, filius Guidonis de Villaboe (dat quod habet in parochia Sancti Saturnini de Vendoria) (H. 428).

1231. — Helias de Podio Calvo, miles de Agurac (H. 441).

1232. — Willelmi de Blanzac (testamentum), militis, peregrine proficiscentis apud Sanctum Jacobum, in festo Paschatis (H. 449).

1241. — Rotlandus de Blanziaco, valetus (H. 441).

1247. — Johannes de Paleto, pelliparius de Pagina, Engolismensis (H. 434).

1256. — Guillelmus de Ponte (1), civis Engolismensis, et filius ejus (hac carta nominantur Iterius et Guillelmus de Dignhac, fratres) (H. 459).

1256. — Iterius de Villaboen, senior, dominus Rupisboviscurti, Petragoricensis diocesis, et Iterius de Villaboen, junior, et Guido et Fulcherius, filii ejus, milites, fratres (H. 435).

1257. — Guillermus Ricardi et Maria uxor sua, parochiani de Hyriaco (H. 463).

1274. — Iterius de Villaribus, miles, et Arnaldus de Brolio, parochiani de Villaribus, prope Villaboe (H. 438).

1296. — Iterius de Villaboe, valetus, dominus de Rupeboviscurti (H. 438).

---

(1) Une charte de l'an 1253 nous apprend que ce Guillaume du Pont était péager (*peagerius*) du pont de Saint-Cybard (*Cartul. Sancti Eparchii*, fol. 8 recto).

PLAN DE L'EGLISE ABBATIALE DE LA COURONNE.

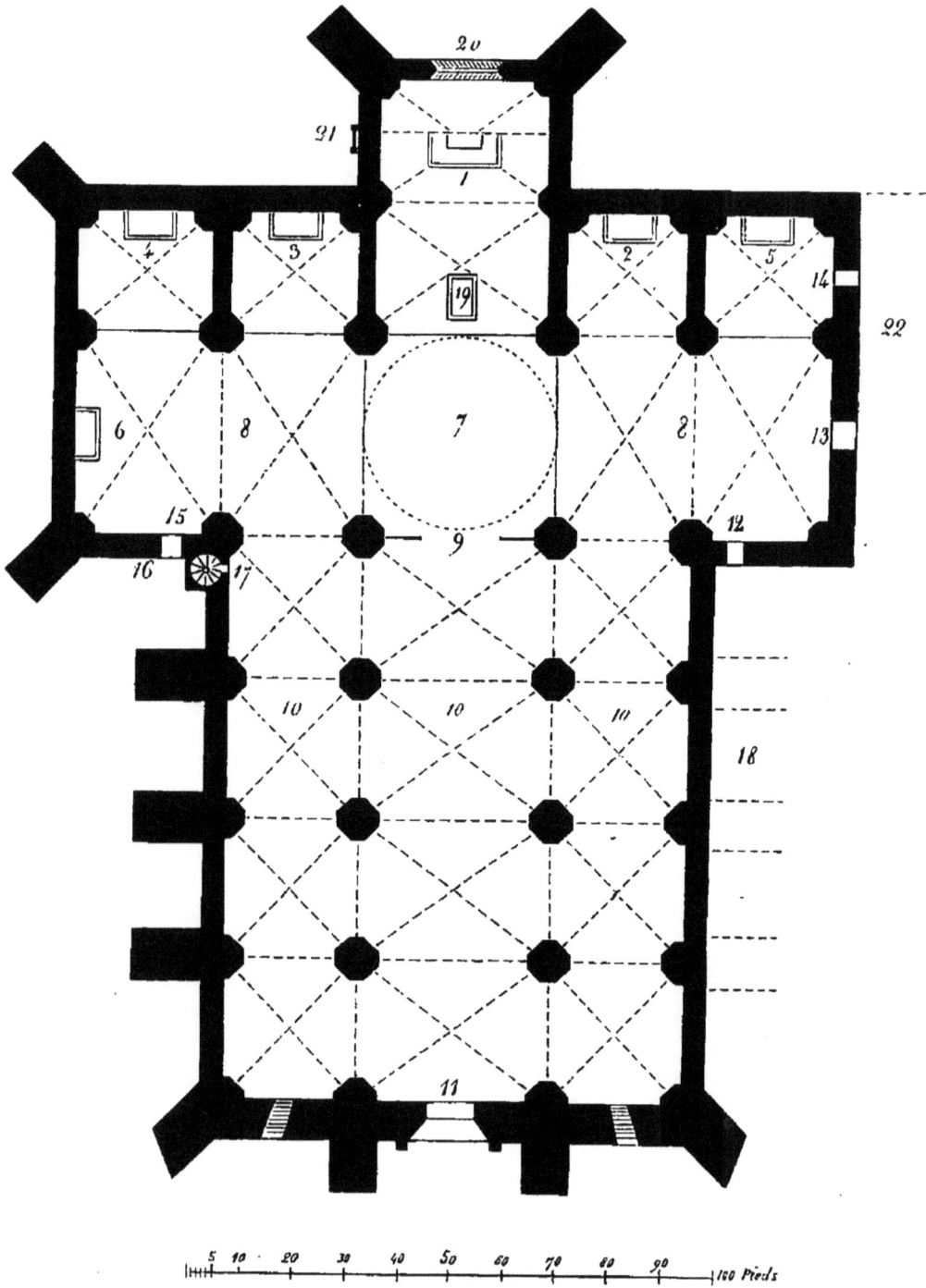

(Voir l'Explication des Planches, à la fin de la publication.)

TABLE
GÉNÉRALE ET SYNCHRONIQUE

ou

RÉSUMÉ, SUIVANT L'ORDRE DES TEMPS,

De tous les renseignements contenus

DANS LE TEXTE LATIN DE LA CHRONIQUE DE LA COURONNE,

Dans les Notes et dans les ADDITAMENTA (1).

CHAPITRE I (Pag. 20-22).

Lambert, fils de Foucher et de Leggarde, naît à La Palud (*de vico Paludis, patre Fulcherio, matre Leggarde, natus*).— Dans sa jeunesse, il se livre à la chasse et tue un dragon qui ravageait le pays. — Il se voue à saint Augustin, est consacré prêtre, vers l'an 1100, et est institué chapelain de l'église Saint-Jean-de-La-Palud par Adémar, évêque d'Angoulême. — Des religieux se joignent à lui pour le service divin.

Notes. — Un oracle de la Sibylle. — Prétendue dépouille du dragon tué par Lambert. — Date falsifiée et date rectifiée de la fondation de l'église de

---

(1) Pour éviter les répétitions, nous avons négligé d'analyser ici les anciens préliminaires de notre Chronique, contenus dans les pages 11 à 18 de la présente publication, lesquels ne sont eux-mêmes qu'une table et un abrégé des faits que nous nous sommes appliqués à résumer plus exactement.

La Palud (p. 15). — L'évêque Adémar veut propager les ordres monastiques dans son diocèse; ce que lui répond le sacriste Hugbert.

ADDIT. III (pag. 113-116). — Charte de Lambert, alors simple chapelain de La Palud, relative aux terres, maisons et forêt d'Agudelle, diocèse de Saintes (1116), et contenant un accord avec Robert d'Arbrissel et avec Pétronille, abbesse de Fontevrault. Noms de plusieurs témoins et autres personnages, parmi lesquels figurent Richard de Montendre (de Monte Andronis), Ponce de Mirambeau (de Mirembello), Guillaume de La Roche (de Larocha), Aldoin de Barbezieux (de Berbezillo), Geoffroi de Linières (de Linerias), et Fouchier de Bécheresse (de Beserecia). — Mention (en note) des confirmations de cette charte par Pierre de Confolens, évêque de Saintes; par Jean, évêque de Séez, et par le pape Lucius II.

CHAPITRE II (Pag. 23-24).

Description du lieu de La Couronnelle (non Corona, sed Coronella). — La Providence et la Vierge Marie le choisissent pour en faire leur demeure terrestre.

CHAPITRE III (Pag. 24-25).

Le 12 mai 1118, Lambert et les religieux de La Palud posent la première pierre de l'église de La Couronne. — Près de quatre années sont consacrées à la construction de ce premier édifice et des bâtiments claustraux. — Le jour de la prise de possession est fixé; plusieurs ecclésiastiques, un peuple nombreux et Wlgrin II, comte d'Angoulême, se préparent à y assister.

CHAPITRE IV (Pag. 26-27).

Le 12 mars 1122, jour de la Passion, les religieux font leur entrée dans l'église primitive de La Couronne. — Guillaume, évêque de Périgueux, préside la procession, qui part de l'église Saint-Jéan-de-La-Palud et est reçue dans l'église abbatiale par Girard, évêque d'Angoulême et légat du Saint-Siége. — Lambert, élu abbé, est consacré le jour de Pâques. — Institutions, biens, reliques, livres et ornements qu'il procure à l'abbaye. — Elle perd son nom de La Couronnelle et prend celui de La Couronne.

Note. — Ne pas confondre cette première église avec celle dont on voit les ruines aujourd'hui.

CHAPITRE V (Pag. 28).

Après avoir gouverné l'abbaye pendant quinze ans, Lambert est élu évêque d'Angoulême le 17 mai 1136, en remplacement de Girard, mort avec la réputation de schismatique pour avoir pris le parti de Pierre de Léon. — Lambert fonde, en 1137, l'église de Saint-Michel-d'Entraigues (*Sancti-Michaelis inter Aquas*) pour y recevoir les pauvres du Christ.(p. 14).

Note. — Cette église de Saint-Michel et sa destination; elle est presque entièrement rebâtie de nos jours (*ibid.*, p. 15).

ADDIT. IV (pag. 117-118).— Charte de Lambert, évêque, sur le cimetière de Saint-Cybardeaux (*Sancti-Eparchii de Ilicibus*), vers 1139. Les enfants de Rainaud Sicher (*Sicherii*) jurent sur l'autel de Saint-Michel-d'Entraigues. — Mention (en *note*) d'un accord de ces enfants avec Guillaume, abbé de Saint-Cybard.

ADDIT. V (pag. 119-120). — Charte du même Lambert, concernant la terre de Moulède (*de Moleda*), 1143, et contenant plusieurs signatures autographes, parmi lesquelles on remarque celles de Calon, trésorier; de Hugues, chantre (depuis évêque d'Angoulême); de Jean de Bouteville (*de Botavilla*), de Hélie de l'Isle (*de Insula*), de Ramnulfe de Mérignac (*de Mairinac*), de Ramnulfe de Mosnac (*de Maunac*), de Rainaud de Montbron (*de Monte-Berulfi*), et celle de Lambert lui-même.

CHAPITRE VI (Pag. 29-30).

Après l'élévation de Lambert à l'évêché d'Angoulême, l'abbaye est gouvernée par un des frères, nommé Foucher (*Fulcherius*), qui remplit les fonctions d'abbé et en refuse le titre. — Élie Grataud (*Helias Grataudi*) succède à Foucher; il se démet volontairement de ses fonctions. — Lambert consacre alors Junius (*qui cum esset junior tempore, grandævus tamen erat merito*). Cet abbé procure plusieurs biens et ornements à son église.

ADDIT. I, *note* 5 (pag. 107).—Quelques difficultés dans la chronologie de ces trois abbés ; on tâche de les éclaircir.

ADDIT. VI (pag. 121-125).—Bulle du pape Lucius II sur les propriétés, priviléges et immunités de l'abbaye (1144), portant la signature de ce souverain pontife, délivrée à l'abbé Élie sur la demande de Lambert. On y trouve les noms de *Fulco de Trilia*, d'*Ademarus de Archiaco*, de Guillaume *Arradi* et de Wlgrin, comte d'Angoulême; des églises de La Palud, de Saint-Michel, de *Romanes*, d'Agudelle, de Salignac et de Moulède; des forêts et bois de *Roces*, de *Troïles* et de *Defes*; des rivières de Boëme, de Nisone et de Touvre; des moulins de *Longis Planchis* et du Breuil; des prairies d'Angeac et de Châteauneuf; de l'écluse de Magnac-sur-Touvre; des différentes cultures de *Campo Alboini*, de *Clota*, de *Oleta*, de *Vado-sene*, de Brie-sous-Archiac, de Lagord et de *Lemia*; les granges de *Brande-rio*, de *Magna Valle*, de *Podium Capni* (*sic*), de *Ligiazo* et de *Beuses*; du manse de Magnac et de l'*Esplech* (*sic*) *de Clam*. — On peut comparer cette bulle curieuse avec la liste des *Bénéfices dépendant de l'abbaye de La Couronne* (ADDIT. II, pag. 109-112).

CHAPITRE VII (Pag. 30-31).

Décès de Lambert, fondateur de l'abbaye et évêque d'Angoulême; et regrets causés par sa mort. — Le 13 juin 1149, il est enterré à La Couronne, à l'extérieur du chevet de la première église.

Note. — Translations de son corps, le 13 juin 1198 et le 13 juin 1238. — Reliques du bienheureux Lambert.

CHAPITRE VIII (Pag. 31-32).

La réputation de sainteté de l'abbaye de La Couronne s'étend au loin. — Plusieurs églises cathédrales, plusieurs monastères, plusieurs vénérables abbés, tels que Bernard de Clairvaux, Reinard de Cîteaux et Étienne de Cluny, demandent à entrer avec elle en communication.

Note. — Mention d'une lettre de saint Bernard.

ADDIT. XII (pag. 139-140). — Nous croyons que c'est vers cette époque, avant ou après la seconde moitié du XIIᵉ siècle, qu'il faut placer la petite charte sans date d'Itier Poitevin (*Iterius Pictavis*) et de ses deux fils, par laquelle ils donnent à l'abbaye de La Couronne tout ce qu'ils possèdent dans le manse de Lamblardie. Ce don est fait d'abord dans le cimetière de Ronsenac (*Rosenac*), et ensuite auprès de Charmant (*apud Charmen*), en présence de plusieurs témoins, parmi lesquels figure Alo de Montmoreau. — (En *note*) Ce que c'est qu'un *manse*; à qui appartient aujourd'hui celui de Lamblardie. — Parenté supposée des Itier Poitevin avec les Itier de Villebois ; sur quoi fondée.

CHAPITRE IX (Pag. 32-33).

L'ancienne église ne suffit plus au grand nombre des frères ; l'abbé Junius conçoit le projet d'en construire une nouvelle. — Pierre, évêque d'Angoulême, Pierre Mimez, évêque de Périgueux, et un nombreux clergé, arrêtent le jour de la pose de la première pierre.

Note. — Pierre de Maumont, évêque d'Angoulême. Crime horrible commis à Mansle, du temps de ce prélat.

CHAPITRE X (Pag. 34-35).

Le 12 mai 1171, les religieux vont en procession poser la première pierre de leur nouvelle église. — Détails liturgiques. — Description de cette première pierre.

Note. — Inscription dénaturée par Pierre de Saint-Romuald.

CHAPITRE XI (Pag. 35-37).

La construction de l'église avance. — Au bout de vingt-deux ans, elle est presque terminée avec ses murs, ses piliers (*columniis*) (1)

(1) Ce mot écrit ainsi, au lieu de *columnis*, doit avoir le sens de piliers formés de colonnes groupées, comme l'étaient en effet ceux de l'église de La Couronne.

et ses voûtes (*ciboriis*) (1), à l'exception de deux autres voûtes du côté méridional qui ne purent être construites avant la démolition de l'ancienne église. — Les pavés sont posés autour des autels, dans le chœur et dans les transsepts (*per transversum crucis*).

Note. — Pierre de fondation du grand autel, datée du 15 mai 1174; sa découverte le 20 avril 1842, et sa remise en place le 10 septembre de la même année.

ADDIT. VII (pag. 126-128). — Vers ce même temps, en l'an 1163, Guillaume IV Taillefer, comte d'Angoulême, et ses deux fils Wlgrin III et Guillaume V, donnent à l'abbaye de La Couronne et à l'abbé Junius tout ce qu'ils possèdent dans la forêt de Marange (*Marengia* ou *Marangia*), à la réserve de certains droits de pacage pour leurs hommes de Villars et de Moulidars (*de Molidarno*). La donation est faite à Angoulême, dans la maison de l'orfévre Ramnulphe (*in domo Ramnulfi aurifabri*), en présence de Calon (*Kalo*), archidiacre; de Pierre, prieur de La Couronne; de Guillaume de la Roche (*W. de Roca*), seigneur de Jonzac (*Coenziaci*); de Guillaume de Born (*W. de Borno*), de Robert Foucher (*Fulcherii*), d'Hélie Froment (*Frumentini* ou *Frumenti*), et de plusieurs autres. — Mention (en *note*) d'une charte du même Guillaume IV, donnée à Archiac, et d'une autre datée de Touvre (*apud Tolveram*), au mois de janvier 1173.

CHAPITRE XII (Pag. 38-40).

L'abbé Junius meurt le 30 mars 1178 : éloge de ses nombreuses qualités. — Éclipse de soleil le 13 septembre suivant. Le Chroniqueur paraît convaincu qu'elle fut le présage terrible des grands

---

(1) Dom Félibien, dans son *Histoire de l'abbaye royale de Saint-Denys* (Paris, 1706, in-fol., p. 64), donne ainsi la définition du *ciborium* ou *civorium*, en parlant de l'abbé Fardulphe, qui, vers l'an 802, fit quelques augmentations à son monastère : « Il l'orna d'un *ciboire*, c'est-à-dire d'une espèce de petit dôme en forme de balda- « quin, soutenu de colomnes qu'on avoit accoutumé d'élever au-dessus des autels ou « des tombeaux des martyrs. » Il n'est point question de ce genre particulier de *ciborium* dans notre Chronique; aussi ne balançons-nous pas à donner à ce mot, ici et ailleurs, la signification plus générale de celui de *voûte* : chaque voûte, en effet, n'est-elle pas un véritable baldaquin, c'est-à-dire un dôme en forme de coupe (κιβώριον) porté sur quatre piliers ou colonnes ?

événements et des malheurs de cette époque : la mort du pape Alexandre III, celle du roi Louis VII, la prise de Jérusalem, les guerres, les famines, les pestes et les ravages éprouvés par les chrétiens en Espagne, en Auvergne, en Quercy, en Angoumois et dans les diverses parties du monde.

Jean de Saint-Val (*de Sancto Valio*) succède à Junius, et est bientôt promu, en 1182, à l'évêché d'Angoulême, où il éprouvera certaines persécutions du pouvoir temporel. (Note à ce sujet.)

Geraldus Codonii le remplace comme abbé de La Couronne, et meurt en 1192.

Petrus Gaufridus ou *Gaufridi* devient son successeur, et de son temps les religieux vont faire leur entrée dans la nouvelle église.

Note. — Du temps de l'abbé *Geraldus*, dans les fêtes de Pâques de l'an 1183, Henri dit au Court-Mantel ravage la ville d'Angoulême et pille l'abbaye de La Couronne.

ADDIT. VIII (pag. 129-130). — Sous l'un ou l'autre des trois derniers abbés, mais plus probablement sous le premier, Adémar Taillefer, comte d'Angoulême, fils de Guillaume IV et frère de Wlgrin III, donne une charte sans date en faveur des libertés et immunités de l'abbaye de La Couronne.— Rectification (en *note*) de deux fausses lectures de Boutroys, et mention d'une autre charte, sans date, du comte Adémar, sur le mesurage d'Archiac, transcrite dans un titre plus moderne (1251) de Robert, archidiacre de Saintes.

CHAPITRE XIII (Pag. 41-42).

L'édifice est prêt pour le service divin. Il reste encore pour le terminer à démolir la vieille église, placée du côté méridional; l'entrée dans la nouvelle est cependant fixée au dimanche des Rameaux. Le vendredi qui précède ce jour, Jean de Saint-Val, évêque d'Angoulême, consacre l'autel des Apôtres, et le samedi celui de saint Jean. — Les préparatifs continuent avec ardeur : on monte les cloches, on pose les pavés, on établit les siéges, on enduit les murailles.

CHAPITRE XIV (Pag. 43-44).

Le jour désiré arrive. Les religieux, précédés de Jean de Saint-Val, évêque d'Angoulême; de Pierre *Gaufridi*, abbé de La Couronne; de Ramnulphe, abbé de Saint-Cybard; de Pierre, abbé de Cellefroin, et de plusieurs autres ecclésiastiques, vont en procession dans la chapelle de l'infirmerie, où le prélat leur distribue des rameaux à la manière accoutumée; ils s'arrêtent ensuite devant la porte de l'ancienne église, et font enfin leur entrée dans leur nouvelle cité (*in novellam civitatem*). Peinture de leur joie et détails liturgiques. — Cette entrée eut lieu le dimanche des Rameaux, 3 avril 1194.

CHAPITRE XV (Pag. 44-46).

Mort de Pierre *Arradi*, prieur claustral, le 19 août précédent : ses qualités. — L'année suivante, le 14 août 1194, et non 1195, Pierre *Gaufridi*, abbé, meurt à La Rochelle; transporté en toute hâte à La Couronne, il y est enterré dès le lendemain, jour de l'Assomption, après la messe. — Le Seigneur le retira de ce monde pour lui épargner la vue des malheurs qui allaient régner sur la terre pendant cinq ou six ans ou même sept (*vel etiam septem*). — Tableau effrayant de ces calamités : guerres, famines, ravage des loups. L'abbaye n'en souffre pas autant que d'autres monastères.

CHAPITRE XVI (Pag. 46-47).

A Pierre Gaufridi succède l'abbé Robert, d'origine saintongeoise : ses angoisses et tribulations.

CHAPITRE XVII (Pag. 47-48).

Malgré la cherté des vivres et l'épuisement des trésors de l'abbaye, il fait construire une crypte pour y mettre les corps de Lambert et de ses compagnons.

CHAPITRE XVIII (Pag. 48).

Il a fait transporter le corps de *Geraldus Codonii*, qui avait été enterré provisoirement auprès du chevet de la nouvelle église.

CHAPITRE XIX (Pag. 49-50).

Translation dans la nouvelle crypte du corps de Pierre *Gaufridi*, enterré dans l'ancienne depuis environ cinq ans. L'abbé Robert y procède lui-même, et encourage au moyen d'une parabole les frères vivement impressionnés par l'odeur qui s'exhale du cadavre non encore entièrement consommé.

CHAPITRE XX (Pag. 50-51).

Bien que la nouvelle crypte ne soit construite que jusqu'à la hauteur des chapiteaux, l'abbé trouve convenable que les corps de ses prédécesseurs soient enlevés de l'ancienne, sans tumulte, la veille de l'anniversaire du bienheureux Lambert.

CHAPITRE XXI (Pag. 51-53).

En conséquence, la veille de cet anniversaire, les sépulcres sont ouverts, toutes les portes fermées, et les religieux, à un signal donné, entrent dans l'église avec Élie, archevêque de Bordeaux; Jean de Saint-Val, évêque d'Angoulême; l'abbé Robert; les abbés de Saint-Cybard, de Saint-Maixent, de Nanteuil, de Cellefroin, et autres ecclésiastiques. Toute la partie orientale de la vieille crypte est découverte; ils contemplent et baisent les ossements de leurs saints pères, du vénérable Lambert, des abbés Foucher et Junius, de Pierre

20

Litimundi, évêque d'Angoulême, ancien abbé de Saint-Amand-de-Boixe, et de Théobald, ancien archevêque de la Calabre et moine de Clairvaux, qui s'était retiré dans une maison de son ordre située dans la forêt de Boixe, d'où Lambert avait fait transporter son corps à La Couronne. — Aucun séculier n'assista à cette cérémonie, à l'exception d'un certain Hugues de Saint-Maixent, chevalier de Niort, qui avait endossé le vêtement d'un frère lai (*cappam laicalem*) pour se glisser dans l'église.

Note. — Ne pas confondre la maison religieuse de la forêt de Boixe avec l'abbaye de Saint-Amand-de-Boixe.

Chapitre XXII (Pag. 53-54).

Les religieux transportent les cercueils sur leurs épaules, les déposent devant l'autel de la Vierge et célèbrent les offices toute la nuit (*a luce usque in lucem*).

Chapitre XXIII (Pag. 54-56).

Le lendemain, jour de la translation, après la messe chantée par l'archevêque, les ecclésiastiques qui doivent procéder aux obsèques prennent leurs étoles blanches et donnent l'absoute dans l'ordre suivant en faisant trois fois le tour des cercueils : Élie, archevêque de Bordeaux; Jean de Saint-Val, évêque d'Angoulême; Robert, abbé de La Couronne; les abbés de Saint-Cybard, de Saint-Amand-de-Boixe, de Saint-Maixent, de Cellefroin, de Grosbosc, de Bassac, de Nanteuil, de Bournet, de Masdion, et autres prêtres.

Chapitre XXIV (Pag. 56-57).

Les cercueils sont portés dans la crypte et recouverts de pierres sépulcrales. — La foule des assistants était si nombreuse dans cette cérémonie que l'on voyait le comte d'Angoulême, Adémar Taillefer lui-même , remplissant les fonctions d'huissier (*ostiarii assumpto officio*); garder l'entrée de la crypte, et, la verge en main, empêcher le peuple de se mêler aux religieux.

Chapitre XXV (Pag. 57-58).

Quand les évêques, les abbés et autres ecclésiastiques furent sortis de la crypte, ils firent le tour du cimetière et donnèrent une absolution générale. — Cette translation eut lieu le 13 juin 1198.

Chapitre XXVI (Pag. 58-61).

Dans l'Avent précédent (1197), Adémar du Peyrat (*de Peirato*), élu évêque de Poitiers, et Raimond de Châteauneuf, élu évêque de Périgueux, vinrent à La Couronne pour leur consécration. Ce dernier fut sacré par l'archevêque de Bordeaux, et les évêques d'Angoulême, de Saintes et de Cahors; mais Othon, comte de Poitiers, défendit de sacrer le premier, qui partit pour Rome, fut sacré par le pape, mais mourut empoisonné en revenant dans sa ville épiscopale (1198).

Le Carême suivant (1199), mort de Richard (Cœur-de-Lion) devant Chalus. Jean-sans-Terre lui succède et fait la paix avec Adémar, comte d'Angoulême.—L'an 1200, appelé dès lors *jubeleus*, la terre produit en abondance toutes sortes de fruits. Mais le Seigneur rallume bientôt sa colère : de grands bouleversements arrivent dans tout le Poitou; sur la fin de mars 1201, les gelées détruisent les vignes; les inondations empêchent ensuite la récolte et la mouture, et la famine se déclare vers Noël: les pauvres errent par bandes dans la campagne, et le setier de froment se vend plus de quarante sous.

Notes. — Othon, comte de Poitiers, reconnu plus tard empereur d'Allemagne. — Cause des guerres de cette époque. — Premier jubilé célébré en 1300, en vertu d'une bulle de Boniface VIII.

CHAPITRE XXVII (Pag. 61).

L'abbé Robert fait terminer la crypte et la partie de l'église qui restait à construire du côté méridional. Il arrête le jour de la dédicace.

CHAPITRE XXVIII (Pag. 62-63).

Le peuple accourt en foule du Limousin, du Périgord, de l'Angoumois, de la Saintonge et du Bordelais. — Les évêques et abbés nommés dans le Chap. XXIII sont aussi présents, avec les évêques de Limoges, de Périgueux et de Cahors, et les abbés de Beaulieu, de la Seauve, d'Aubeterre, de Guistres, et un nombreux clergé. — Personne ne peut entrer dans le cloître, pas même la comtesse d'Angoulême, mère de la jeune reine d'Angleterre.

Note. — Alix de Courtenay, femme du comte Adémar et mère de la reine d'Angleterre.

CHAPITRE XXIX (Pag. 63-64).

La veille de la dédicace, l'abbé fait enlever de l'église et déposer dans la chapelle du dortoir les reliques des saints et les objets sacrés, selon l'usage suivi dans les dédicaces.

CHAPITRE XXX (Pag. 64-65).

Le jour de la dédicace arrivé, les prélats et autres officiants font trois fois le tour de l'église, pendant que les religieux attendent dans le cloître. Après le troisième tour et l'entrée des ecclésiastiques, on ouvre les portes. Une foule immense se précipite, les soldats et les huissiers ne peuvent la contenir ; les moines sont obligés de monter sur les bancs de pierre placés autour des murs ; on ne voit que des têtes d'hommes et de femmes, depuis l'autel jusqu'à la muraille d'enceinte de l'abbaye.

CHAPITRE XXXI (Pag. 65-66).

L'archevêque consacre d'abord le grand autel.

Chapitre XXXII (Pag. 66).

Après le repas et la sortie du peuple, on chante les vêpres. — Cette dédicace eut lieu le dimanche 30 septembre 1201.

Chapitre XXXIII (Pag. 67).

Le lendemain, Jean, évêque d'Angoulême, et l'abbé Robert, rapportent dans l'église le corps du Seigneur et les saintes reliques.

Chapitre XXXIV (Pag. 68).

Le samedi 6 octobre, Gérald, évêque de Cahors, consacre l'autel des Vierges, et Jean de Saint-Val, évêque d'Angoulême, celui des Confesseurs.

Chapitre XXXV (Pag. 68-69).

Il vint à La Couronne, pour cette dédicace, plusieurs milliers de personnes ; mais, malgré la cherté des vivres, et grâce aux précautions prises par l'abbé, les visiteurs furent nourris pendant trois jours (*velut ad nuptias invitati*), et tout le couvent vécut encore pendant une semaine des provisions qu'ils avaient laissées.

Chapitre XXXVI (Pag. 69-72).

Éclipse de soleil le 27 novembre 1201 : la lune laisse paraître une partie du soleil en forme de croissant; l'éclipse n'est pas si terrible (*terribilis*) dans ses conséquences que celle dont il est parlé plus haut. — La veille de l'éclipse, Alix (*Ala*), duchesse de Bourgogne, religieuse de Fontevrault, vient à La Couronne avec un cortége considérable pour visiter l'église. — Après la Purification suivante, en février 1202, le comte Adémar amène à La Couronne

Jean sans-Terre, roi d'Angleterre, son gendre, accompagné du roi de
Navarre, de l'archevêque de Bordeaux, des évêques d'Angoulême,
de Saintes, d'Acqs et de Pampelune, de plusieurs barons et d'une
suite nombreuse. Les deux rois sont reçus à la porte de l'église, entrent ensuite dans le chapitre et se retirent (*recepto spiritali et corporali beneficio*).

Note. — Alix de Bourgogne, fille d'Eudes II. — Marguerite de Turenne,
femme de Guillaume IV, comte d'Angoulême.

CHAPITRE XXXVII (Pag. 72-74).

Jean de Saint-Val, évêque d'Angoulême et ancien abbé de La
Couronne, tombe malade à Vars, est transporté à Angoulême par la
Charente, et de là à La Couronne. Mis à l'extrême onction par l'abbé
Robert, il meurt, est exposé pendant trois jours, et enterré dans la
crypte des religieux, le 7 mars 1203.

Notes. — Depuis quelle époque la terre de Vars appartenait à l'évêché.
— Observation chronologique sur l'évêque Jean de Saint-Val.

CHAPITRE XXXVIII (Pag. 74-77).

Éloge de l'abbé Robert. — Sur l'avis de Guillaume III, évêque
d'Angoulême, il se rendait avec l'abbé de Grosbosc à l'abbaye de
Cîteaux, pour tâcher de faire exonérer l'abbaye de La Couronne de
certains subsides nécessaires à la croisade dirigée contre les Albigeois; il avait déjà traversé le Poitou, la Touraine, et avait obtenu à
Paris des lettres de protection du roi Philippe-Auguste; mais en
passant par Preuilly, abbaye de l'ordre de Cîteaux, il tomba grave-
ment malade, y mourut le 18 septembre 1210, après avoir reçu les
sacrements, et y fut inhumé le lendemain. — Lettre de l'abbé et du
chapitre de Preuilly au prieur et monastère de La Couronne.

CHAPITRE XXXIX (Pag. 77-84).

Adémar, prieur de La Couronne et ancien chanoine d'Aubeterre, succède à Robert en qualité d'abbé. — Son éloge ; travaux qu'il fait faire dans l'abbaye, parmi lesquels on remarque l'achèvement du cloître, une belle statue (*ycona*) de la Vierge, et le reliquaire (*præclarum opus*) qui renfermait un fragment de la vraie croix donné à l'église de La Couronne par Aimeric le Brun (*Aimerico Bruni*), et gagné par lui dans une bataille contre les Sarrasins. Adémar fut aidé dans ses travaux par Galhard, évêque de Bazas ; par Vital, ancien abbé de Pamiers, et par Itier *Maurelli*, ancien chanoine de Saintes et d'Angoulême.

De son temps, on construisit la chapelle de Saint-Nicolas, aux frais d'Isabelle, reine d'Angleterre et comtesse d'Angoulême et de la Marche, qui y fit enterrer le comte Adémar, son père, par les mains des évêques Élie de Saintes, Guillaume d'Angoulême, et Ramnulphe de Périgueux, après avoir emprunté 14,000 sous pour ces funérailles.

L'abbé Adémar assiste au Concile général de Rome, et fait à son retour différentes acquisitions (*Charraces* et autres), pour lesquelles il emprunte des sommes considérables. Tourmenté par ses créanciers, il part pour La Rochelle afin de se procurer de l'argent ; mais le lendemain une grave maladie le saisit à Saint-Jean-d'Angely, après une longue conversation avec Guillaume, archevêque de Bordeaux ; il reçoit les sacrements de la main de l'abbé du monastère et meurt le 20 octobre 1223. L'archevêque ordonne de transporter son corps à La Couronne, où il est reçu par le prieur Élie Seguin, et est inhumé auprès de Jean de Saint-Val par Guillaume, évêque d'Angoulême, en présence de l'abbé de Saint-Cybard. Le religieux Vital, ancien abbé de Pamiers, est élu abbé de La Couronne.

Notes. — A quelle époque le premier auteur de notre Chronique cesse d'écrire. — Aimeric le Brun construit le monastère d'Haultevaux, en Limousin ; mention d'une charte de 1180, relative à cette fondation, et sa confirmation par une bulle d'Alexandre III. — Galhard, évêque de Bazas, se fait moine à La Couronne. — Chapelle Saint-Nicolas ; quels personnages y furent enterrés. Il y a du doute pour le tombeau d'Isabelle, et peut-être confusion entre deux princesses. — Quel est le lieu appelé *Charraces*.

CHAPITRE XL (Pag. 84-90).

L'abbé Vital parlait très-peu; cette qualité le faisait prendre souvent pour un ignorant. — Lorsqu'il n'était que simple religieux à La Couronne, il admirait la beauté du cloître et de l'église; mais, trouvant le chœur indigne des autres parties, il le fit démolir pour en construire un plus magnifique.—Il dirigea en entier la construction de la chapelle de la reine Isabelle. - Cette princesse lui révélait ses secrets les plus intimes et lui confiait le salut de son âme. — Il était aimé de plusieurs grands personnages, et particulièrement de l'archevêque de Tarragone. — Les fatigues de Vital altérèrent profondément sa santé, et, devenu abbé, il fut atteint d'une insomnie continuelle, ce qui ne l'empêcha pas d'entreprendre d'autres travaux : le *lavatorium*, deux grandes cloches et une horloge. — Enfin, placé pendant plus de trois ans entre la vie et la mort, il se fit transporter à Moulède, maison dépendant de son abbaye; y mourut le 17 mars 1227, au milieu de la nuit, avec les sentiments de la plus vive piété, et fut enterré à La Couronne. — Vers latins en son honneur.

ADDIT. IX (pag. 131-133). — Charte de Hugues I (X) de Lusignan, comte d'Angoulême, et d'Isabelle Taillefer, sa femme, qui donnent, en 1226, à l'abbé Vital et au monastère de La Couronne, les droits qu'ils possèdent dans la paroisse de Saint-Jean-de-La-Palud et dans le manse de Sellac, entre Torsac et Vœuil (*Vaolium*), et sur la levée de l'étang de Saint-Michel-d'Entraigues. Parmi les témoins sont Élie, prieur; Itier, chapelain de Saint-Jean; Acherius de Viron, sénéchal; Geoffroy de Bouteville (*de Botavilla*), et Guillaume Foucauld.—Cette donation est insérée dans une grande charte de confirmation de Hugues III (XII) de Lusignan, de l'an 126., ainsi que deux autres, l'une d'Adémar de Saint-André (1240), et l'autre de Ségur (*Securus* vel *Segurus*), de Châteauneuf (1267).

CHAPITRE XLI (Pag. 91).

Élie Seguin ou de Seguin (*Seguini*), qui remplissait les fonctions de grand prieur, succède à l'abbé Vital. — Sous l'administration d'Élie, on construisit le réfectoire des frères, avec ses quatre voûtes (*cum IIII ciboriis*). — Il mourut à La Couronne, le 3 septembre 1232, et y fut inhumé le lendemain, à côté de son prédécesseur.

CHAPITRE XLII (Pag. 92-96).

Le successeur d'Élie Seguin fut Guillaume Singulier, prieur de Salignac et d'Agudelle, qui avait fait construire le chœur et les deux voûtes (*duo ciboria*) de cette dernière église. — Il devint prieur grangier (*grangiarius*) à La Couronne, où il s'occupa de la construction du réfectoire. — Élu abbé après la mort d'Élie, il paya les dettes de l'abbaye, acheta les étangs et les moulins de *Poterni*, enrichit l'église de plusieurs ornements, y transporta le corps du bienheureux Lambert, qu'il recouvrit d'une tombe de cuivre doré (13 juin 1238). De plus, il fit cinq voûtes (*V ciboria*) dans le cloître des frères lais, une plus belle sur le *lavatorium*, et cinq autres dans le cloître de l'infirmerie. — Il prescrivit aussi d'augmenter la pitance des frères et de leur donner chaque jour une portion (*oba parvula*) de vin pur. — Tombé malade et alité pendant trois ans, il administra néanmoins l'abbaye avec tant de succès que, quinze jours avant sa mort, il lui était dû douze mille sous, et qu'il en avait dans son trésor une valeur de trente-deux mille, en deniers, en argent, en or et en vases précieux. — Il meurt, après avoir reçu les sacrements, et est enterré, le 5 septembre 1254, par les abbés de Saint-Cybard et de Bassac. — Vers latins à sa louange.

Note. — Tombeau de Lambert. — Silence de l'auteur sur celui d'Isabelle et sur ceux de trois comtes d'Angoulême.

ADDIT. XIII (pag. 141-143). — Du temps de l'abbé Guillaume Singulier, en 1233, Guillaume de La Roche-Chandry cède à l'abbé et aux religieux de La Couronne tous les droits qu'il possède dans la paroisse de Saint-Jean-de-La-Palud, consistant en terres, vignes, devoirs, revenus, ventes, honneurs, juridictions, agriers, pacages, bois, prés, rivières, etc., ainsi que le droit de péage sur le pont de La Courade (*de Conrada*), et celui de chasse dans la châtellenie de La Roche-Chandry, à la charge de célébrer tous les ans deux anniversaires pour son âme, celle de sa femme et de ses parents : l'un le lendemain de Saint-Rémy, dont le corps repose dans la chapelle de La Roche-Chandry, et l'autre le lendemain de la Nativité de la Vierge ; et aussi de faire une visite à la sépulture de ses ancêtres, dans le cimetière des religieux. Cette donation est faite dans le Chapitre de l'abbaye, en présence d'Élie, prieur claustral ; de Raymond, prieur de Moutiers (*de Monasteriis*) ; de Jean *de Faya*, chapelain de ladite église ; d'Alain de Forge (*de Forgia*), seigneur du même lieu, et de Taillefer *de Cosis*, seigneur de Rocheraud (*de Rupe Cheraudi* vel *Heraudi*). — En *notes* : mention d'une charte d'un autre Guillaume de La Roche-Chandry, qui fonde l'entretien d'une lampe pour le salut de son fils décédé religieux de La Couronne, et donne trois quartiers de pré (*in vadum Curadæ, in amnem Trisii*). — Autre sépulture d'un baron de La Roche-Chandry, à l'extérieur du côté septentrional du chœur. — Renseignements qui se trouvent sur un imprimé de la charte de 1233 fait dans le XVIIe siècle.

ADDIT. X (pag. 134-135). — Il faut aussi placer sous le même abbé la charte de Hugues I (X), de Lusignan, comte d'Angoulême, et d'Isabelle Taillefer, sa femme, qui confirment, à Saintes, en l'an 1239 (et non 1238), une donation faite par *Petrus Ramnulphi*, de Châteauneuf, en réparation de dommages et injures. Ce personnage donne à l'abbaye de La Couronne quatre quartiers de prés touchant ceux d'Élie Roil, et trois autres appelés Preverau, joignant ceux d'Élie Popel. — Observations (en *note*) sur certains noms de baptême employés au génitif comme noms de famille.

CHAPITRE XLIII (Pag. 96-97).

A Guillaume Singulier succède l'abbé Gombaud *Gilemundi.* Il donna l'habit et les règlements aux religieuses du monastère d'Espagnac (diocèse de Cahors) ; résigna ses fonctions dans les mains de Robert, évêque d'Angoulême, le 17 juillet 1268, et mourut le 29 septembre 1274.

ADDIT. XI (pag. 136-138). — Charte de Hugues III (XII) de Lusignan, comte d'Angoulême, donnée à Touvre le dimanche après la Saint-Michel de l'an 1267, accordant et confirmant, du temps de cet abbé, plusieurs priviléges, immunités et libertés de l'abbaye de La Couronne, et, entre autres, la justice haute, basse, mixte et moyenne, le droit d'exécution excepté. — Mention (en *note*) de plusieurs chartes des princes de la maison de Lusignan : de Hugues III (1280) ; de Guy, seigneur de Cognac (*de*

Compniaco), d'Archiac et de Merpins (1274); de Hugues IV (1282), avant d'être comte, et aussi de Hugues II (1253), relative au moulin de *Cogousac*. — Difficulté sur l'attribution du surnom de *Bruni*, commun dans les deux séries des comtes de la Marche et d'Angoulême.

CHAPITRE XLIV (Pag. 97-98).

Guillaume de Chandry (*de Chanderico* ou *de Rupe Chanderici*) succède à l'abbé Gombaud, lors de sa résignation, et fait renouveler l'aqueduc. — Parmi ses travaux, on remarque différents ornements, un reliquaire, une statue (*yconam*) de la Vierge, le parloir avec six voûtes (*cum sex civoriis*) et le pavé du réfectoire. — Il acheta, à Angoulême, les maisons d'Élie Poisson, et mourut le 2 septembre 1275.

Note. — Le vieil hôtel-de-ville est bâti, de 1494 à 1496, sur l'emplacement de ces maisons.— L'abbaye de La Couronne posséda aussi plus tard (1573), à Angoulême, le château de Beaulieu.

CHAPITRE XLV (Pag. 99).

Foucaud succède à Guillaume, place des lits dans le dortoir et construit une salle sur le réfectoire.

Notes. — Ancien catalogue des abbés de La Couronne (de 1280, date de la mort de Foucaud, à 1622), écrit sur les trois dernières pages du Manuscrit original. — Notre continuation de ce catalogue jusqu'en 1789. — Courtes notes sur ces deux listes.

EXPLICATION DES PLANCHES.

I

Sceau gravé sur le Frontispice.

Sceau ogivé de Guillaume Singulier, abbé de La Couronne de 1232 à 1254. L'abbé, debout, tient la croix pastorale dans la main droite et un livre dans la main gauche. Dans le champ, à gauche, une étoile à six pointes. Légende : *S. Willelmi* ABBATIS DE CORONA. Nous avons dessiné ce sceau d'après une ancienne empreinte qui nous avait été confiée par M. l'abbé J. H. Michon.

Le contre-scel portait en légende circulaire : SECRETVM WLLMI ABBIS, et, dans le champ, l'agneau nimbé, tenant l'étendard de la résurrection.

II

Fac-simile du Manuscrit original.

(*En regard du Frontispice.*)

1. — Commencement du *verso* du quatrième feuillet du Manuscrit : écriture postérieure au 27 novembre 1201 et antérieure au 20 octobre 1223 (Texte imprimé, page 19).

2. — Commencement du *recto* du trentième feuillet du Manuscrit : écriture postérieure au 20 octobre 1223 et antérieure au 17 mars 1227 (Texte imprimé, page 79).

3. — Signature du poëte Octovien de Saint-Gelais, évêque d'Angoulême, mort sur la fin de 1502, apposée au bas du *verso* du trente-cinquième feuillet du Manuscrit (page 90, note 2).

III

PLAN DE L'ÉGLISE ABBATIALE DE LA COURONNE (1).

(En regard de la Table analytique, page 147.)

1. — Grand autel, souvent appelé *altare Beatæ Mariæ*.
2. — Chapelle Saint-Jean.
3. — Chapelle des Apôtres. — Corlieu dit qu'elle contenait le tombeau de Hugues XI, comte d'Angoulême.
4. — Chapelle des Confesseurs, dite aussi Chapelle Saint-Augustin ou Saint-Antoine.
5. — Chapelle des Vierges, et beaucoup plus tard de la Vierge. — Du temps de Boutroys, elle renfermait trois tombes avec inscriptions. Il y avait aussi une crypte. Ce qui reste de l'autel est moderne.
6. — Autel des Martyrs.
7. — Chœur et coupole du clocher. — Nous avons vu ce clo-

(1) La première pierre de cette église fut posée le 12 mai 1171; les religieux y firent leur entrée le 3 avril 1194, et la dédicace eut lieu le 30 septembre 1201.

Elle fut vendue nationalement, pour une misérable somme, le 29 septembre 1807, sous l'administration du préfet Rudler, et fut démolie par les acquéreurs. Il n'en reste aujourd'hui que les belles ruines, qui appartiennent, en partie, depuis 1830, à M. Victor Liédot, payeur du département de la Charente.

Comme il n'entre nullement dans le plan de notre publication de donner une description architectonique de cet édifice, nous renvoyons à la *Statistique monumentale de la Charente* de M. l'abbé J.-H. Michon, où se trouvent sur ce sujet plusieurs détails intéressants (p. 301 et 324).

cher dans notre enfance; nous pouvons dire seulement qu'il se terminait par un toit carré, comme le clocher de Saint-André d'Angoulême.

8. — Chœur des laïques ou frères lais.

9. — Grille du chœur.

10. — Nef et bas-côtés.

11. — Portail. — Ce portail, dont il reste environ la moitié, est surmonté d'un fragment de rosace, et paraît appartenir au quinzième siècle, ainsi que toute la façade et la partie occidentale. On ne trouve aucun document écrit sur ces constructions postérieures à notre Chronique; mais la partie orientale, et la plus considérable de l'édifice, est du dernier roman du douzième siècle, moins la grande fenêtre ogivale du chœur.

12. — Porte du cloître.

13. — Porte du jardin.

14. — Porte moderne.

15. — Porte du cimetière.

16. — Cimetière des abbés et autres religieux. — Il y avait une crypte où le B. Lambert fut transféré le 13 juin 1198.

17. — Escalier des voûtes et du clocher.

18. — Cloître et arcs-boutants.

19. — Tombeau du B. Lambert, premier abbé de La Couronne, construit le 13 juin 1238.

20. — Grande fenêtre ogivale du chœur, due à l'abbé Vital, de 1223 à 1227.

21. — Arceau extérieur de la tombe d'un seigneur de La Roche-Chandry.

22. — Place du chevet de l'église primitive, fondée en 1118, derrière lequel se trouvait une crypte où le B. Lambert avait d'abord été enterré le 13 juin 1149.

TABLE.

Cette *Table générale* renferme la pagination particulière des XLV Chapitres de la Chronique, ainsi qu'une traduction abrégée de ces mêmes Chapitres et des Chartes contenues dans les *Additamenta*.

FIN.

www.ingramcontent.com/pod-product-compliance
Lightning Source LLC
Chambersburg PA
CBHW072043090426
42733CB00032B/2146